这样给
孩子
定规矩

刘慧滢／编著

吉林文史出版社
JILIN WENSHI CHUBANSHE

图书在版编目（CIP）数据

这样给孩子定规矩 / 刘慧滢编著 . -- 长春 : 吉林文史出版社，2023.5

ISBN 978-7-5472-9169-6

Ⅰ . ①这… Ⅱ . ①刘… Ⅲ . ①儿童教育—家庭教育 Ⅳ . ① G782

中国版本图书馆 CIP 数据核字 (2022) 第 196865 号

这样给孩子定规矩
ZHEYANG GEI HAIZI DING GUIJU

编　　著　刘慧滢
出 版 人　张　强
责任编辑　王　辰
封面设计　郑金霞
出版发行　吉林文史出版社
地　　址　长春市净月区福祉大路 5788 号出版大厦
印　　刷　天津海德伟业印务有限公司
开　　本　640mm×910mm　　 1/16
印　　张　12
字　　数　113 千
版　　次　2023 年 5 月第 1 版
印　　次　2023 年 5 月第 1 次印刷
书　　号　ISBN 978-7-5472-9169-6
定　　价　69.00 元

很多家长认为只要有了最好学校的学区房，能够将孩子送进最好的学校，这样孩子就能赢在起跑线上。其实，对孩子而言，最好的教育不是在学校，而是在家庭。孩子成长的每一步，都与家庭教育息息相关。

那么最好的家庭教育应该是什么样子的呢？那就是给予孩子自由与规矩并行的爱。

给予孩子成长的自由，可以使孩子内心放松，拥有一种自内而外的自信心，长大以后他们敢于遵从自己的内心，追求自己喜欢的一切，并且觉得自己值得拥有。但是这种自由要建立在"规矩"之上。孟子云："不以规矩，不能成方圆。"无论做任何事情，都要讲规矩，而一个家庭想要教育好孩子，也要有规有矩，要让孩子知道什么该做、什么不该做。

只有在规矩之内给予孩子自由才叫成全，规矩之外给予孩子自由，那只能叫冒险。真正爱孩子，不是让他一味放纵，而是教会他遵守规则和做人的道理。爱孩子是无条件的，但一定是有原则的。

作家刘墉曾说过一句很深刻的话："你不舍得给孩子立规矩，就会有人给孩子长教训。"刘墉是这么说的，也是这么做的。

他在儿子刘轩小时候，就给他订立了十分严苛的规矩，如："自己的事情自己做，严格作息，不能偷懒""自己洗衣服，父母不在家的时候，要自己做饭"……刘轩看电视要被管，上学也要被管。刘墉立下的规矩，几乎涵盖了刘轩生活的方方面面。

有一次，刘轩犯了错误，刘墉批评了他几句后，转身欲离开，在扭过头的瞬间，看到了刘轩伸出了脚，对着他做出了"踢人"的动作，虽然这只是一个假动作，但是刘墉还是狠狠地教训了刘轩一顿，因为刘轩违背了"尊敬长辈"的规矩。

每个孩子都渴望无拘无束地长大，所以刘轩对于父亲的严格管教有讨厌的时候，也有憎恨的时候。直到刘轩考上哈佛大学那一年，他才真正理解了父亲的良苦用心，并在开学前给父亲写下了"爱的告白书"，在信中感谢父亲对他的严格管教，并称没有父亲的付出，他就不会拥有现在的成就，是父亲的规矩让他成为一个自律、有原则、有目标的人，而这些品质让他一生受益。

由此可见，孩子的本性大都是顽劣的、叛逆的，而有远见的父母，懂得在孩子小时候就教会孩子基本的行为准则，让孩子拥有行走世界的底气。

但现实问题却是，规矩很好立，执行起来却困难重重。常常我们说了好几遍，孩子就是爱搭不理；我们强调过无数次，孩子仍旧会出错；明明我们为孩子好，孩子却总是无法感受到我们的良苦用心……

其实孩子的种种表现，大多源自父母的一种心理，那就是孩子就应该乖乖遵守父母制定的规矩，如果不遵守，那就是不听话、叛逆的表现。这种"我是家长，我说了算"的思想，是引起孩子反叛心理的重要原因。因此，我们不能用压迫孩子的方式让孩子守规矩，而是要用有效的策略去引导孩子守规矩。

《这样给孩子定规矩》的内容大致分为两大部分，第一部分主要讲了给孩子制定规矩时的方法与策略，从父母如何了解孩子开始，再到父母如何从自身做起，然后再说到给孩子定规矩时应该注意到的问题，以及需要遵守的相关原则，力求帮助家长制定更适合自己的孩子、孩子也更愿意去遵守的规矩。第二部分主要从修养、社交能力以及生活中的习惯这三个方面入手，具体地说明了如何去做，可以让规矩得到更好的执行。

希望每一个读到此书的家长，都能从中获益，学到给孩子定规矩的方法与策略，将孩子培养成为一个守规矩、懂规则的人。

第一章

定规矩在后，了解孩子在先

当孩子一天天长大后，父母常常会发出这样的感慨：为什么我说的话，孩子听不进去了？其实很大一个原因，在于家长没有用发展的眼光去看待孩子，对孩子的了解只停留在某一阶段，而事实上孩子是在不断成长的，在成长的过程中他们会改变，父母若是想给孩子订立规矩，就要事先了解孩子，了解孩子的一切，这样才能制定出符合自己孩子的规矩。

1. 你知道孩子需要什么吗？

大部分父母给孩子立规矩，都是从自身的角度出发，自己希望孩子成为什么样子，就给孩子订立什么样的规矩加以约束。父母是立规矩的人，但守规矩的人却是孩子，因此我们在给孩子订立规矩时，不能只从自己的角度出发，还要考虑到孩子究竟需要什么，只有我们先满足了孩子的需求，孩子才能感受到来自父母的尊重和理解，在被尊重和被理解的前提下，孩子才更愿意遵守父母订立的规矩。

那么，在订立规矩以及执行规矩的过程中，孩子都需要什么呢？

⊙ 孩子需要认可

也许是因为孩子刚生下来的时候，需要父母进行无微不至的照顾，导致在大部分父母心中，孩子都是一个"极弱"的存在，不管孩子做什么，在父母眼里都"不够好"。"罗马不是一天建成的"，孩子也不是突然之间长大的，孩子的成长需要过程。而在这个过程中，孩子缺乏一些能力是自然而然的，如果我们坚持用自己内心的标准去要求孩子，那么就很难真心地认可孩子。

而一个长期得不到父母认可的孩子，就算他拥有再好的物质生活条件，他的内心也无法得到满足。一个内心总是不满足的孩子，又怎么能够感受到快乐呢？从孩子的角度来看，父母的不认同，对他们而言是一种伤害，而在这个基础上，我们还要给他们订立一些规矩，要求他们必须执行，这对一个感受不到幸福，并且没有快乐的孩子而言，是很难做到的事情。

父母的认可，是孩子自信心的来源。有了自信心，即便是在执行规矩时遇到了困难，他们也会努力地去克服，想办法去解决，而不是轻易选择放弃。

◎ 孩子需要关注

没有孩子不渴望得到父母的关注，有的孩子甚至为了得到父母的关注，会故意大喊大叫，或是故意捣乱惹怒父母。

有时候，我们面对孩子的"无理取闹"会利用规矩来压制孩子，希望他们能够闭上嘴，安静下来。但实际上，此时的孩子只是希望父母能够多看他们一眼，能够关注到他们的表现。而我们不但没有关注他们，反而用规矩来压制他们的时候，孩子只能体会到规矩的"冰冷无情"，并不能将规矩与自己的行为联系起来，所以没有建立在关注之上的规矩，是无法得到良好执行的。

因此，当孩子释放出"求关注"的信号时，我们要及时地满足孩子的需求，不要觉得"蚂蚁搬家"没什么可大惊小怪的，也不要觉得路边的野花没有什么好看的，积极地响应孩子的"妈妈，快看""爸爸，快来"，跟他们一起分享"发现新大陆"的快乐，最好是能够主动地去关注孩子的举动，这样孩子们才能肯定"爸爸妈妈是爱我的"。规矩只有建立在这种"爱"之上，孩子才更愿意去执行规矩。

◉ 孩子需要陪伴

父母的陪伴，是给孩子订立规矩的重要前提条件。如果父母不在孩子身边，只是给孩子定下了规矩，然后将孩子交给爷爷奶奶或是保姆去看管，你觉得孩子还会认真去遵守规矩吗？

前面我们说到孩子需要父母的关注，那没有陪伴，又何来关注呢？没有父母的关注，孩子又怎么有执行规矩的动力呢？说白了，孩子愿意去执行规矩，更大程度上，是他们想要通过守规矩这件事来感受到来自父母的关心。一旦没有了父母的关注，那么规矩只是一个压制他们的工具，甚至会让他们产生"不公平""被束缚"的不良感受。

事实上，缺乏父母陪伴的孩子，所表现出来的情况远比不愿意遵守规矩更加严重。现代医学表明，一个长期缺乏父母陪伴与关爱的孩子，会长期处在焦虑和抑郁之中，睡眠和饮食都会受到影响，从而导致他们的生长激素减少，造成孩子不长个子或是过度瘦小的情况。

而这仅仅是身体上的问题，心理上的问题更不容忽视，孩子的幸福感主要来源于父母的陪伴，没有父母陪伴的孩子，幸福感会极度缺失，甚至会影响他们一生的情感道路。

诚然，目前的社会状况，会令很多父母在陪伴孩子这件事情上产生困难。但其实陪伴孩子并没有想象中的那么难，不一定要花费很多的时间，只需要做到高质量就可以。所谓高质量，就是在陪伴孩子的时候，专心且用心，真的融入孩子的世界里，想他们所想，爱他们所爱。这样的陪伴，每天只需几十分钟，就能让孩子感受到来自父母的爱。

❯ 孩子需要信任

父母对孩子的信任，是订立规矩的另一个基础。孩子要信任父母，相信父母订立的规矩能够帮助他们更好地成长；父母也要信任孩子，相信孩子有遵守规矩的意志力和能力。这样规矩才能定得顺利，并能够得以有效执行，任何一方失去了信任，规矩都会成为"摆设"。

相比较之下，父母对孩子的信任更为重要。而父母对孩子的信任，来源于我们能否将孩子视为一个独立的个体。

在既定的事实面前，不要"自以为是"地按照自己的理解认为某事就是怎样怎样，然后对孩子产生不应该有的怀疑。与孩子说话时，语气、态度应该保持平和，不要在还没有进行调查和确认前，就认为孩子有问题。同时，只要是孩子这个年龄段或是以他们的能力能够掌握的事情，就要放心交给孩子去办，不要对他们的能力进行怀疑。

父母对孩子越信任，就越能够促进孩子去遵守规矩，并且他们的表现也会越来越好，甚至会超出我们的预期。

❯ 孩子需要知情权

这一点是建立在父母能够将孩子当作一个独立的个体来看待的基础上的。很多父母认为孩子只要负责快乐长大，好好学习就行，家里其他的一切事情都不需要孩子操心，就算是天塌下来，也会有父母顶着。

但是站在孩子的角度来看，孩子也是这个家里的一分子，他有权知道这个家里发生的事情。更何况，我们所订立的规矩，很多都跟家里的事情相关联，如果只是强硬地要求孩子遵守规矩，却不告诉他为什么要遵守，那么孩子就会对这个规矩产生抵抗的情绪。

因此，给孩子订立规矩时，我们需要让孩子了解家庭的实际情况，让他们明白某些规矩为什么会这样订立，是在什么情况下订立出来的，对规矩了解透彻了，孩子就不会因为自己的情绪而抵触规矩。

＞ 孩子需要安全感

孩子需要安全感，这是我们给孩子订立规矩的又一个必要前提条件。拥有安全感的孩子，会将自己所有的心思都放在规矩的内容上，而不会去考虑其他的问题，例如：如果我做得不好，是不是爸爸妈妈就不喜欢我了？

孩子安全感的建立，首先要从生活中的人身安全开始。保证孩子的人身安全，是让孩子拥有安全感的最基本的条件。有些做法会令孩子感到恐慌，从而缺乏安全感。比如：将幼小的孩子独自放在家里，孩子感到害怕时，父母却不在身边；或者直接将孩子置身于危险当中，使孩子的身体受到了伤害等。

其次，作为父母我们要尽量去做孩子心目中的"英雄"，尽量在孩子面前展示我们英勇的一面，能够在孩子感到害怕时，给他们一个坚实温暖的怀抱。父母愿意做孩子永远的"避风港"，孩子的内心就会充满安全感。

一个有足够安全感的孩子，对做事情就能够表现出兴趣，对遵守规则，也能产生更多的自信心。

2. 你的规矩符合孩子的性格吗？

孔子曰："因材施教"，给孩子定规矩也要"因人而异"，因为规矩是给孩子定的，遵守方也是孩子，因此在给孩子定规矩前，我们要清楚自己的孩子属于哪一类性格。

有的孩子外向活泼，有的孩子内向安静，每个孩子都是独一无二的，都有自己的优点和缺点，有时候，即便是在同一个环境中长大的两个孩子，他们的性格也会有差异。只有充分了解孩子的性格，才能做到在立规矩时区别对待。

表姐家有两个孩子，老大是姐姐，老二是弟弟。生老大时，表姐也是第一次当妈，所以恨不得时时将孩子捧在手心里，从孩子出生到上幼儿园以前，表姐几乎没有离开过孩子，从每天早上的穿衣梳头，再到每天晚上的洗漱、讲故事，表姐几乎都是亲力亲为。

即便老大已经上了幼儿园，每天早上仍旧是表姐给穿衣服，收拾妥当一切，老大就像是一个洋娃娃，乖乖地站在那里任由妈妈摆布。老大4岁那年，表姐又怀孕了，一直到孕晚期，表姐也没有疏于对老大的照顾。后来老二生下来了，表姐才分身乏术，经常顾得了这个，顾不了那个。

而老大因为从小被妈妈照顾习惯了，所以不管做什么事情，都必须要妈妈帮助才愿意去完成，每当这个时候，表姐就不得不把老二交给家里的其他人看管。老大开始上学了，学校不但经常搞活动，还会留一些家庭作业，表姐对老二再也做不到像从前对老大那般尽心尽力了。

时常是在表姐早晨起来给老大梳头发时，3岁的老二就已经醒了，但是老大要上学，表姐就只能对老二说："宝宝自己穿衣服哦！"因为从2岁就开始练习自己穿衣服了，老二穿起衣服来倒也熟练，就是经常会反穿着衣服在屋子里晃荡。真正印证了那句老话："老大精养，老二放养。"

现在两个孩子都大了，表姐发现虽然两个孩子都是从她肚子里出来的，但是在性格上却完全不同。姐姐凡事都爱寻求妈妈的帮助，如果被拒绝了，就会觉得爸爸妈妈不爱她了。但是弟弟却独立性极强，什么都爱自己干，无论是穿衣服，还是吃饭喝水，小小年纪就已经做得有模有样了。

对待不同的两个孩子，表姐在给他们制定规矩的时候，如果"一视同仁"就行不通了，同样的规矩，姐姐做不到，弟弟可以做到，而有的时候是姐姐可以做到，但弟弟却做不到。因为两个孩子的性格不同，独立性也不一样，那么针对不同性格的孩子，我们应该怎么去制定规矩呢？

❯ 对待"外向型"的孩子要"刚"

其实简单地用"外向型"和"内向型"两种形态来区别孩子，并不是十分严谨和准确，只是可以帮助我们更好地了解孩子的性格罢了。

通常来说，外向型的孩子各方面都表现得比较豪爽，没有那么多小心思，同时也更大胆一些，他们对独立性的要求也更高一些。

性格外向的孩子对世界充满着好奇心，精力格外旺盛，喜欢探索和自由，只要遇到了感兴趣的事情，他们就会大胆地去尝试。小到穿衣服穿鞋，大到独立出门，他们都想要独自尝试一番，即便是失败了，也会继续进行尝试。面对父母定下的规矩，外向型的孩子配合度也会比较高，尤其是父母的期望与他们的愿望刚好契合时，他们会更加乐意去执行，并能够从中获得成就感。

这看起来似乎是不错的一面，但实际上，外向型的孩子常常很难约束住自己，愿意去执行规矩并不代表他们可以执行得很好。大多时候，他们都是根据自己的喜好去做事，所以经常出现结果与我们预想的不一样的情况。

因此，针对性格外向的孩子，我们在给他们制定规矩时，最好简单直接，切实可行，包括定规矩的言语，也要更加直接一些，多用"一定""必须"这样强制性较强的语言，这样才能更好地约束外向型的孩子。

　　比如，全家计划一起出行时，我们可以提前明确地告知孩子，在出行时需要遵守哪些规矩，他们如果做到了，我们就可以按照他们喜欢的游玩计划进行下一步；如果他们不能很好地遵守，那么游玩计划就会终止。

　　有了明确的规矩作为参照，外向型的孩子就会有意识地收敛自己的行为，在一次次成功履行规矩的过程当中，孩子的独立性也会一步步得到更好发展。

◎ 对待"内向型"的孩子要"柔"

　　内向型的孩子与外向型的孩子正相反，他们做任何事情都会有很多顾虑，表现得畏首畏尾。当需要他们独立去做一件事时，他们的内心会很抗拒，希望能够得到父母的帮助，以摆脱独自行事的孤独感。一旦在做某事时遭遇了失败，他们会大受打击，很可能不愿意再继续尝试。

因此，在给内向型的孩子制定规矩时，我们首先要让孩子感受到足够的安全感，理解孩子的敏感和脆弱，并且接纳他们的种种表现。千万不要用自己的"急性子"去面对他们的慢热，更不要从言语中流露出对他们的失望之情。

比如，当我们需要孩子帮忙出去扔垃圾时，孩子表现出害怕的样子，我们不要说"你怎么这么胆小"这样的话，这样的话只能让孩子更加胆怯。

正确的做法是让孩子感受到来自父母的鼓励与支持，这能够让内向型的孩子更加相信自己。只要他们鼓起勇气迈出了一小步，我们就要及时地进行鼓励和肯定。给他们定的规矩，也不要太苛刻，在执行时最好具有一定的缓冲时间，即便是惩罚，也不能过于严厉。

内向型的孩子很重视自己的小世界，所以对待内向型的孩子就不能像对待外向型的孩子那样强硬了，要更柔和一些，才能让他们主动地去执行规矩。

⊙ 尊重孩子独立性的发展

性格是影响孩子独立性发展的重要条件，独立性又决定着孩子能不能很好地凭借着自己的意志去遵守规矩。因此，无论是外向型的孩子，还是内向型的孩子，我们都应该尊重孩子独立性的发展，这是给孩子制定规矩的前提条件。

当孩子还是婴儿的时候，他们除了吃喝拉撒睡这样的本能以外，做其他任何事情都需要依赖父母的帮助，但随着时间的推移，孩子会在成长过程中形成各种各样的能力，这个过程也是孩子一步步脱离父母，形成独立性的过程。

这个时候，我们需要做的就是渐渐放开双手，给孩子机会和空间去成长，而不是人为地去阻止他。比如，在孩子的成长过程中，他们经常会有想要独立去做一件事情的时候，也许是自己开柜门，也许是自己去拿高处的东西，这个时候家长往往认为孩子还小，能力还不足，于是便会直接代替孩子去做这件事。可以理解父母这样做，是为了避免孩子发生危险，但其实并不是在所有的情况下都会产生危险，要根据具体的情况去分析，这个内容我们在后面会提到。在这一节，我们就先说父母的阻止或是代劳，会给孩子造成哪些影响。

父母的每一次帮忙，都会让孩子感受到一定的挫败感，次数多了，孩子会慢慢习惯这种感觉，然后变得不再愿意主动去做任何事情。可是当孩子长大后，父母又觉得孩子长大了，凡事该自己干了，所以总是要求孩子自己去做，孩子不愿意去做，就会被视为"变懒了""不听话了"，事实却是孩子的独立性已经被父母扼杀掉了。

一个缺乏独立性的孩子，就会变得没有主见，凡事都想寻求父母的帮助。所以，父母不要轻易阻碍孩子独立性的发展，要给孩子自主发展与成长的机会。

3.你的规矩符合孩子的成长规律吗?

不同年龄的孩子，对规矩的理解程度以及执行能力都不尽相同，在给孩子制定规矩时，你考虑到孩子的年龄问题了吗?

表姐家的两个孩子相差不到5岁。在老二还小的时候，表姐以为有了培养老大的经验，再培养起老二来，应该是轻车熟路，毫无困难可言。可是真的实施起来的时候，她才发现现实和想象之间的差距不是一般的大。

就拿看电视这件事来说吧，老大到了3岁才开始接触电视和电子产品，但是到了老二这里，因为姐姐每天看电视，弟弟便早早地养成了看电视的习惯。为了不让姐弟俩沉迷于电视中，表姐制定了一个规矩，那就是每天下午五点以后可以看电视，每次看电视时间不得超过一个小时。

面对这项规矩，姐姐倒是遵守得很好，每天一到下午，姐姐就会问妈妈:"妈妈，到五点了吗?"

妈妈如果说"到了"，姐姐就会立刻打开电视，等到了一个小时的时候，表姐会提醒一下姐姐，告诉她时间到了，然后让姐姐关掉电视。但是这个规矩，在弟弟这里却不太好用。首先，弟弟根本不知道什么是下午五点，当弟弟感到无聊的时候，就会要求打开电视看。不管妈妈怎么跟他解释说："还没有到看电视的时间，现在是上午十点钟，你要等到下午五点才能看电视。"弟弟统统都用哭闹来对抗妈妈。

还有关于看电视的时间，弟弟也并不知道一个小时有多长，妈妈每次提醒说："到时间了，要准备关电视了。"弟弟就会哭闹，不允许妈妈关电视。

后来，针对看电视这个规矩，表姐进行了适当的调整。她将"每天下午五点以后可以看电视"改为"姐姐放学回来后，可以看电视"，然后将"可以看电视一个小时"改为"可以看三集，第三集结束后就要关掉电视"。就这样一个小小的改变，弟弟竟然欣然接受了。

我们想要成功给孩子制定规矩，就要事先弄清楚孩子在不同年龄段对规矩的接受情况。那么，针对不同年龄段的孩子，我们该怎么去制定规矩呢？

⊛ 0~1岁，先学会满足孩子，不要急于定规矩

很多妈妈在给孩子定规矩这件事情上，会有一个疑问，那就是孩子还小，是否有必要定规矩，毕竟还是婴幼儿时期的孩子，给他们定规矩，就好像在"对牛弹琴"。

给孩子定规矩，自然是越早越好，但是也要考虑到孩子的实际年龄。0~1岁的宝宝，正处在建立安全感的关键时期，这个时期的

孩子心理需求十分简单，就是哭的时候，希望父母能够及时满足他们的需求。

所以在这个阶段，我们不要先急着立规矩，只要尽力去满足孩子的一切需求就好，孩子饿了就赶紧喂，孩子哭了就赶紧哄，孩子感到孤单了，就赶紧抱抱孩子。不要信奉那些"哭了不抱，不哭才抱""饿了先不喂，让孩子等上一阵，延时满足孩子"的理论，这些理论其实是不适合这个年龄段的孩子的，在面对这个年龄段孩子的需求时，我们满足得越快，孩子的安全感就会越强烈。

安全感是给孩子订立规矩的基础和准备，孩子安全感越强，今后在订立规矩时我们就会感到越轻松。

⊙ 1~2 岁，可以建立安全规则

有人说，孩子 2 岁是可怕的魔鬼般的年龄。的确，在孩子 1~2 岁这个阶段，常常会让我们哭笑不得。笑的是，这个年龄的孩子已经能够听懂我们所说的大部分指令；哭的是，随着孩子的身体发育，孩子的探索需求日益强烈，他们就像是一个"破坏分子"，所到之处一片狼藉。除此之外，他们还喜欢把能够拿到的东西都塞进嘴里尝一尝，这些行为会让我们感到十分焦虑，并且迫不及待地想要给孩子订立规矩。

其实在这个时期，孩子最主要的需求是自由探索，对此我们可以在家里做好一切防护措施，给孩子营造一个安全的探索空间，让孩子能够自由自在地进行探索。对于一些比较危险的行为，则需要用简单的指令给孩子定下规矩，比如："要得到妈妈的允许，才可以爬高高哦！"

另外，这个时期的孩子已经可以掌握一些生活技能了，因此我们可以尝试着培养孩子自己吃饭、自己收拾玩具、自己脱衣服这样简单的生活习惯。

⊙ 2 岁以上，抓住规则敏感期，给孩子订立规矩

孩子到了 2 岁左右，就进入了规则敏感期，这个时期的宝宝喜欢和大人"作对"，无论大人说什么，他们都喜欢说"不"。这或许会让我们感到很苦恼，但这却是一件好事，因为孩子的智力和自

我意识都在正常发展。此时的他们以"自我"为中心，认为这个世界上的一切都是围绕着他们运转的，所以他们无法理解他人的感受。

这个时候是给孩子订立规矩的大好机会，具体怎样订立，还需要根据不同的场景具体分析，这个在后面的章节会具体提到。这里只说两点原则，一是既要定规矩，又要鼓励孩子勇敢地去探索，自由地表达自己的情绪。比如孩子难过的时候，我们可以跟孩子说："心里不舒服，可以哭出来。"父母的鼓励，会让孩子成为一个具有探索精神，并且乐于表达的人。二是给孩子制定明确的限制。一些可能会产生危险的行为，或是会让他人感到不愉快的行为，我们需要明确地告诉孩子"不可以这样做"，也许这些限制会让孩子感到不舒服，但是也会让孩子意识到哪些事可以做、哪些事不可以做。

⊙ 3 岁以上的孩子，多让孩子接触同龄人

当孩子到了 3 岁左右，大部分孩子都已经有了接触社会的经验，他们会有自己固定的好朋友，也会懂得如何去与人交往和玩耍。但与此同时，孩子会出现更多让我们头疼的问题，比如跟其他小朋友抢东西、出手伤人等。

这些行为往往会被我们视为孩子没有规矩的表现，其实这是孩子在这个年龄段的正常表现，我们除了要遵循上面提到的两个原则给孩子订立规矩外，还要多给孩子营造与同龄人相处的环境。

在与其他小朋友相处的过程中，孩子会渐渐意识到，自己的哪些行为是不对的。比如当孩子看到其他小朋友排队时，也会萌生出"我也要排队"的念头。孩子就是在与同龄人不断的冲突与磨合中，渐渐成长为一个懂礼貌的人。

4. 你知道孩子为什么会破坏规矩吗？

随着孩子年龄的增长，我越发发现，给孩子定规矩，绝对不是一件轻松的事情。有时候跟孩子之间就像是"敌我双方"在谈判一样，双方各执一词，谁也不愿意做出让步，最后勉强定下了规矩，孩子还时不时表现出抵触的情绪。几乎每个给孩子订立规矩的家长都会遇到这样的问题，孩子会破坏规矩。这是我们在给孩子定规矩前，就应该做好的心理准备。

为了让孩子养成良好的学习习惯，我曾给我的孩子订下这样一项规矩，那就是"必须写完作业才能出去玩"。订规矩的时候，女儿答应得很痛快，而且说这个规矩太没有挑战性了，她绝对能够遵守。

但随着学习难度的加深，作业量的增多，偶尔她就会控制不住自己。有一次，老师留了一篇作文。她写完之后，我觉得她写得不太好，文中有几处句子不通顺，于是我便叫她改正之后再出去玩。

女儿一看这里要改，那里也要改，有些不愿意了，说："我不想改了，你又不是我的老师。"

"可是你的老师说了，作业写完以后，让家长帮忙检查。"我将老师的原话转告给她。

她只好不情不愿地改了起来，结果因为心不在焉，导致越改越错。因此，当我第二次让女儿去改的时候，她一把将作文本扔在地上，边哭边说："哼，你总让我改，我就不改！我就不改！"

我没有理会她的眼泪，而是说："改不完，就不要出去玩。"

女儿一听，生气地躺在地上，打起滚来，还一边打滚一边哭："我都改了一遍了，你又让我改一遍，你浪费了我的时间。"

"是你自己在浪费时间，有撒泼打滚的时间，你的作业早就改完了。"女儿哭了一会儿，可能想通了我说的话，默默捡起了作业本，将作文重新写了一遍。

孩子的这种表现与他们的成长有关，因为年龄的限制，孩子的思维十分简单，做一些事情常常不会经过大脑的思考，尤其是当事情的发展没能如他们所愿时，他们的逆反情绪就会更加严重。

就像我女儿的表现一样，她的年龄和思维致使她的注意力全部集中在了"写完了作业就要出去玩"这件事情上，所以她无法令自己集中精力去面对改作业这件事，而我又一再逼迫她去做这件事，就会导致她情绪失控，也会导致规矩暂时无法执行下去。

其实，孩子会抗拒父母给定下的规矩，往往是由于以下几种原因。

⊙ 孩子容易情绪失控

现在的孩子与过去的孩子相比，想法和主见不是一般的多，所以很多时候我们会认为孩子的情绪管理也会更强一些。但事实上，想法多有主见并不代表孩子的情绪管理能力也会很强。

当事情不能如孩子所愿时，孩子的内心就容易滋生抵触情绪，而这种情绪得不到宣泄时，孩子的情绪就容易失控。这个时候他们就会做出一些未加考虑的行为，以此来宣泄自己的情绪。至于会产生什么样的后果，他们则很少会去考虑。

而规矩的存在，就是去规范孩子的行为，让他们学会约束自己，这与他们宣泄情绪、放任自己的行为是背道而驰的，所以在孩子冲动的情况下，他们就很容易做出抵触规矩的行为。

⊘ 规矩太苛刻，孩子无法遵守

对孩子寄予的希望越大，给孩子制定的规矩往往就越苛刻。而规矩太苛刻，就是孩子抵触心理产生的重要原因之一。

据一项调查显示，在许多一线城市中，有超过 50% 的父母要求孩子"必须争第一"，有超过 90% 的父母希望孩子未来能够从事高精尖职业。另一项调查显示，父母与孩子之间最明显的冲突，是来自父母的期望与孩子的愿望之间的差距。

这两项报告告诉我们什么呢？就是孩子想的和父母想的有时候并不在同一个水平线上，往往父母对孩子的期望要远远高于孩子自己的愿望，"望子成龙，望女成凤"可以说是父母对孩子一种爱的体现，但是对于孩子来说，这种带有"高压"的爱，会让他们无法承受。

弹簧越用力下压，反弹就越厉害，育儿也是如此。我们给孩子定的规矩越严苛，孩子在发现自己完成不了时，他们的反抗也就越强烈。

> 孩子的要求太容易得到满足

有的家长在定规矩时很严厉，但是在孩子守规矩这件事情上却极容易放松。很多孩子抵触规矩，不愿意遵守规矩，就是因为他们没有遇到过障碍，想要什么就有什么，想做什么就做什么，从来没有什么能够限制他们。

长期处在这样的环境中，孩子突然受到了制约，就会难以适应，他们不但不愿意接受规则，甚至还会发脾气。而父母由于长期无限度满足孩子，所以在面对孩子破坏规矩的行为时就常常毫无招架之力。于是，就造成了"定规矩时好定，守规矩时却守不住"的局面。

> 孩子故意破坏规矩

孩子抵触规矩的最后一个原因，不是孩子做不到执行规矩，而是孩子故意不照着规矩做。孩子这样做的原因有二：一方面是孩子想和父母开个玩笑，想要看一看父母脸上那愤怒、焦虑的表情，而我们越是因此而生气、着急，他们就越是感到有趣，想要再试一试。另一方面，是孩子想要通过这样的方式引起父母的注意。有时候孩子表现得乖巧懂事，反而会被父母忽略，但是当孩子开始捣乱不听话时，却会引起家长的注意。所以对于一些用正常方式无法得到父母关注的孩子来说，破坏规矩倒成了吸引父母注意的好办法，哪怕这个办法的结局可能不太好。

5.你确定孩子能够遵守这些规矩吗?

家长为什么想要给孩子定规矩呢?

大多时候,都是因为孩子的某些表现没能达到家长的预期,所以希望通过定规矩让孩子有更好的成长和发展。

因此,很多家庭的规矩定得都十分严苛,家长认为规矩越严苛,孩子便会越优秀。但前提是,孩子能够百分百遵守这些规矩。可问题是,孩子能够做到吗?如果孩子做不到,那再好的规矩不也是摆设吗?

记得女儿3岁的时候,我带她到朋友家玩,朋友家的小孩当时正在拼图,我走过去一看,好家伙,足足有五六十片的拼图,小家伙已经拼完一大半了。女儿在旁边看了一会儿,也很感兴趣,总是想要上手试一试,可是朋友家的小孩怕给弄坏了,便不让女儿动手。

回到家以后,女儿对我说:"妈妈,我也想要拼图。"我当即就答应了下来,拼图可是好东西,不但可以锻炼孩子的专注能力,还能锻炼孩子的思考能力。在网上挑选了半天,我挑选了一款和朋友家的小孩一样的拼图,我想女儿一定会喜欢。

刚拿到拼图的时候，女儿确实十分喜欢，但是没拼一会儿她就不想拼了，直接把"拼好"的任务扔给了我，自己跑到一边玩玩具去了。

　　"你这孩子，要拼图的是你，买回来不想玩的又是你。"我总是希望孩子能够做事情认真一点儿，所以忍不住批评了她。

　　女儿被我批评了，噘着小嘴巴又回到了我身边，这一次倒是认真拼了一会儿，可她总是拼错，被我频频纠正了一会儿后，女儿就借口说自己困了，想要睡觉，可是我把她抱到床上后，她又半天都不睡，故事书讲了一本又一本。

过了很久，女儿才迷迷糊糊睡着了。我起身一边收拾拼图，一边想：为什么明明在别人家表现得十分感兴趣，而真的买回来后却不喜欢了呢？拼图一模一样，两个孩子的年龄也差不多，难道我家的孩子跟别人家的孩子差这么多吗？

虽然这是个我不愿意接受的现实，但是也不得不接受，并不是我认为孩子能够做到，孩子就一定能够做到；也不是别人家的孩子能够做到，我的孩子也一定能够做到。

孩子的能力与我们的预期之间，其实还有一定的距离。就拿我女儿来说吧，她虽然也玩拼图，但是却是那种低阶程度拼图，最多只有十六块，我一下子给她买了六十多块的拼图，她自然无法适应。而朋友家的小孩子，从小就喜欢玩拼图这类的游戏，从最简单的开始，逐步开启有难度的模式。

这样一看，倒不是女儿做事情没有耐心，而是我这个做妈妈的，没有认识到自己孩子的真实情况。同样的道理，在定规矩时也是如此，规矩还是要根据孩子的实际情况来定，不要对孩子期望过高。只有给孩子制定期望值合理的规矩，才能既符合孩子的成长规律，还不会让我们自己徒增烦恼。那么接下来的问题是，我们该如何确立合理的期望值呢？

❯ 评估孩子当下的行为

当我们制定了规矩，但是孩子又做不到时，我们就会觉得孩子不好好表现是孩子的态度问题，不是觉得孩子不够认真，就是觉得孩子不听话，或是觉得孩子没有全力以赴，但实际上孩子一直在努力，只是他们的能力还达不到我们的期望而已。

所以，当孩子表现得让我们不太满意时，先不要给孩子扣上"态度不好"的帽子，而是要看看孩子都做了哪些事情，他是不是真的用心做了，但是做不好而已。如果他真的用心做了，那么最后的结果是什么，就不那么重要了，我们不但不能因为孩子没有做好而批评孩子，还应该肯定孩子所付出的努力，并且借这个机会引导一下孩子，让孩子可以以后做得更好。

当然，如果孩子是真的没有用心去做，那么我们也不能轻易就放过，适当地给予孩子一些提醒，然后再给予一些鼓励和支持，帮孩子将积极性调动起来，让他们能够引起重视，多用一点儿心。

＞ 让孩子自己制定努力的标准

我们给孩子制定规矩时，总会觉得孩子自己心里没数，不知道自己该朝着什么样的方向努力。其实，孩子虽然小，但是他们的内心也会有"我想要做到何种程度"的想法。只是，他们的标准和我们给他们制定的标准往往不在一条线上，孩子的标准往往没有我们定得高。如果让孩子严格按照我们制定的标准去做，那么他们很可能做不到，进而产生"我做不好""我做不到"这样的想法。

制定规矩的目的是让孩子去执行，该朝着哪个方向努力，以及努力到什么程度，还是要以孩子为主。因此在制定规矩前，我们可以跟孩子聊一聊，问问他们想要实现什么样的目标，然后根据孩子的目标去制定方向，这样孩子在执行起来时不会觉得太难，也会更有动力去做。

＞ 认清孩子的真实能力

大部分家长看待自己的孩子，都戴着很厚的"滤镜"，就像"乌鸦妈妈"一样，总认为自己的孩子就是这个世界上最漂亮的孩子。但实际上，孩子可能很普通，能力也一般般，这是我们必须要去接受的事实，只有接受了这个事实，我们在给孩子定规矩的时候，才能够顺应孩子的成长规律。

定规矩的目的不是为了打压孩子的天性和打击孩子的自信心，而是为了培养孩子的自律和做事的自信心。因此，我们不要把孩子想得多么不平凡，不要逼着他们去实现过高的目标，而是要让他们在自己的能力范围内去执行规矩。

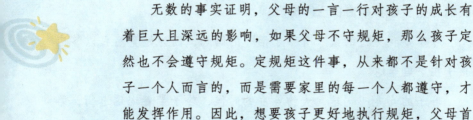

第二章

父母先以身作则，孩子才能遵守规矩

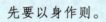

　　无数的事实证明，父母的一言一行对孩子的成长有着巨大且深远的影响，如果父母不守规矩，那么孩子定然也不会遵守规矩。定规矩这件事，从来都不是针对孩子一个人而言的，而是需要家里的每一个人都遵守，才能发挥作用。因此，想要孩子更好地执行规矩，父母首先要以身作则。

1. 父母的尊重，让孩子更愿意接纳规矩

在给孩子订立规矩前，有一点很重要，那就是父母要学会尊重孩子。在有的父母的眼中，孩子是属于自己的，自己想怎么对待就怎么对待。但事实上，你的孩子是一个独立的个体，有着自己的喜好、情绪和未来，他可能跟我们想象中的孩子完全不一样。所以，我们首先要学会尊重自己的孩子。

玲子是我见过的最"听孩子话"的妈妈，因为她竟然可以答应孩子在家里养蛇。

玲子的女儿叫瑶瑶，大约 4 岁的时候，玲子带着瑶瑶逛街，路过一家宠物店的时候，瑶瑶非要进去看看。宠物店里有很多动物，什么猫、狗、仓鼠、兔子之类的，玲子觉得都很可爱，心想：如果孩子喜欢，就买一只回家养，正好可以培养孩子的责任感和爱心。

可是令玲子没有想到的是，瑶瑶进去环视一周后，果断地向养蛇的玻璃缸走了过去，玲子当场就吓出了一身冷汗，因为她最怕蛇了。但是瑶瑶却露出十分感兴趣的样子，竟然还向宠物店的老板提出"摸一摸蛇"的请求。

宠物店老板很痛快地同意了瑶瑶的请求。掀开了上面的玻璃盖

后，瑶瑶伸着小手轻轻地摸了摸蛇的身体，摸到了蛇后，瑶瑶欣喜万分地跟玲子分享她的感受："妈妈，蛇身上冰凉凉的，摸起来好舒服呀！"玲子听了忍不住起了一身鸡皮疙瘩，想拉着女儿赶紧离开宠物店，可是瑶瑶却不愿意回家，她想要把那条小蛇也带走。

这可让玲子为难了，因为她真的很怕蛇，虽然宠物店老板一直强调这种小蛇性情温顺，轻易不会伤人，也没有毒，饲养比较容易，可是玲子就是感到害怕。看着女儿期待的眼神，玲子实话实说道："妈妈害怕蛇，所以……"

没等玲子说完，瑶瑶就表示她会看好小蛇，不让它从箱子里跑出来，还会给小蛇喂食和打扫箱子。说完，瑶瑶就抱着玲子撒起娇来，不断地哀求她。

既然孩子都这样说了，玲子干脆就将"丑话"说在了前面，孩子想养蛇可以，但是必须遵守以下几点规矩：

①小蛇的水箱只能放在孩子自己的房间里。

②不可以将小蛇拿出来玩。

③必须自己学会饲养小蛇，并且不能要求妈妈帮忙。

瑶瑶仔细斟酌了一下，就同意了玲子的要求。并且在养蛇的过程中，瑶瑶真的做到了"说到做到"。因为小蛇是自己真心想要的宠物，而妈妈虽然不喜欢，还是买给了她，这让孩子感受到了来自父母的支持与尊重。为了回报这份支持与尊重，瑶瑶也会努力去遵守相关的规定。

可见，孩子是喜欢被尊重的。父母对孩子的尊重，能够让孩子自尊自爱，而一个自尊自爱的孩子，对自己的要求也更加严格，对父母定下的规矩，也会更愿意去遵守。

那么，在养育孩子的过程当中，我们该怎样去尊重孩子呢？

▶ 尊重孩子的个人空间

对孩子的尊重，往往体现在一些很细微的事情上，比如进孩子房间要敲门，不乱翻孩子的东西，在孩子专注于某件事情的时候不随意打扰他们……父母只有做到了充分尊重孩子的个人空间，才能给孩子机会去发展独立的人格，同时也从行动上教会孩子如何做一个懂规矩的人。

如果我们希望孩子在进门之前懂得敲门，那么我们在进入孩子的房间前就要敲门，即便是门开着，我们也应该敲下门，征得孩子允许后，我们才可以进入孩子的房间。

如果我们希望孩子不乱翻别人的东西，那么我们在收拾孩子的东西之前，就要先得到孩子的同意，经过孩子允许后，我们才能着手收拾。在收拾的过程中，不要故意窥探孩子的隐私。

我们这样做，是为了教会孩子如何去尊重别人。一个进别人门不爱敲门，到了别人家随意翻动别人东西的孩子，无论如何都无法给别人留下"懂规矩"的印象。所以，不要再以为这些生活中的点点滴滴是小事了，尊重孩子就要从小事做起。

> **尊重孩子不是放纵孩子**

尊重孩子不同于放纵孩子。现实中，很多父母在育儿的过程中拿捏不好尊重与放纵之间的区别。错误地认为无论孩子做什么，只要是孩子想做的事情，父母选择支持就叫尊重。实际上，我们支持孩子做的事情到底是尊重还是放纵，需要放在具体的情景中来看。

举个例子：孩子在自己家将所有的饮料都混在一起，观察颜色的变化，我们选择支持，这叫尊重；但如果孩子在别人家将所有的饮料混在一起，观察颜色的变化，我们仍旧选择支持，这就叫放纵。

对孩子的好奇心和探索欲表示支持和鼓励，允许孩子发表自己的看法，这是尊重；但如果不考虑其他人的感受，给他人带来了困扰，这就叫放纵。

给孩子自由，让他们有足够的空间成长，这是尊重；但如果孩子的自由对别人和社会造成了负面影响或是伤害，这就是放纵。

理解孩子的天性，不用成人的眼光挑剔孩子，判断孩子的是非，是对孩子的尊重；但是如果放任孩子养成不良的习惯，染上恶习，那就是放纵。

孩子是一个有思想、有主见、有个性的、独立的人，需要得到父母的尊重，但是尊重不等同于放纵，并不意味着我们要一味地满足孩子的所有愿望，毫无约束和限制可言，这样的"尊重"只会让孩子变得任性自私，霸道专横，丝毫不知真正的尊重为何物。

2. 夫妻之间也需要遵守规矩

在看日剧《坡道途中的家》时，有一幕令我印象深刻。

剧中的女主角名叫里沙子，原本是一名家庭主妇，虽然孩子经常让她头痛不已，但是她也勉强能够应付得来。但是一个意外打破了这种平静，那就是里沙子被选为了候补的国民参审员，虽然只是候补人员，但是也要每天去法庭聆听。

　　每天在法庭结束聆听后，里沙子还要匆忙赶往孩子的奶奶家接孩子，然后买上菜回家做饭。有一天，里沙子买了满满两大包东西，快到家门口的时候，女儿忽然闹脾气，非要让里沙子抱，但是里沙子已经没有多余的手来抱孩子了，在反复劝说无果后，里沙子故意对孩子说："那妈妈先回家喽。"说完，就向前走去，然后躲在一边偷偷看着孩子的反应。

　　孩子站在原地放声大哭，这一幕正好被下班回来的丈夫看到了，丈夫抱起女儿对着里沙子就是一通埋怨："你这是在干什么？你平时在家就是这样看孩子的吗？"

里沙子连忙向丈夫解释说："不是你想的那样，我手里拿了太多的东西，实在没有办法抱她了。但她一直在闹脾气，我只是想让她冷静一下，而且我并没有走远，就躲在一边看着她呢！"

但是丈夫却并不信任里沙子，他怀疑里沙子经常这样做，还警告里沙子说，将儿童丢下是虐待儿童的表现。

而这样的场景不止一次出现，里沙子平时教女儿时，明明一切都很好，但是丈夫总是要插上一脚，还有身边的人也总是对着她指手画脚，导致女儿越来越不听她的话，有时候还会故意惹怒她，然后再去找爸爸为自己撑腰。

在现实生活中，这样的场景也并不少见：要么就是这边妈妈管孩子，那边爸爸惯孩子，妈妈说："不可以吃冰激凌。"爸爸就偏偏偷偷给孩子买来吃，还要嘱咐说："不要告诉妈妈。"要么就是爸爸管孩子，妈妈不让管。孩子犯了错，爸爸的手还没伸到孩子身上，妈妈就一把将孩子护在身后说："你要打他，就先打死我吧！"

试问，在这种情况下，孩子究竟该听谁的呢？

做任何事情都需要有一定的环境支持，给孩子定规矩也是如此。如果父母能够给孩子营造出一个和谐幸福的家庭环境，不但有利于孩子更好地遵守规定，还可以使孩子养成良好的性格。因此，夫妻之间也应该遵守一定的规矩。

> 不能"一个唱白脸，一个唱红脸"

李玫瑾教授曾经说过："管孩子只能有一个声音。"意思是说，在管孩子这件事情上，全家人要统一战线，切不可"一个唱白脸，一个唱红脸"，这样只会让孩子感到不知所措，不知道该听谁的。等孩子再长大一些，就会懂得"趋利避害"，谁对他的约束力更低，他就更愿意听谁的。这样不但会让其中一方失去权威，同时也会因此而影响夫妻之间的感情。

所以在育儿这件事情上，夫妻之间首先要遵守的一个规矩就是：在一方管教孩子的时候，另一方要么站在同一战线上，要么选择沉默。

如果遇到了意见不统一的时候，也不要当着孩子的面就发作出来，而是等孩子不在身边时，再向对方提出自己的观点和见解。只有夫妻之间在大是大非的问题上协调一致，孩子才能学会分辨是非，"再优质的教育也比不上夫妻同心，给孩子一个和睦幸福的家庭。"

⊘ 不要当着孩子的面争吵

家长可能想象不到，当着孩子的面争吵时，会给孩子的内心留下多么大的创伤，父母也许只是宣泄自己一时的情绪，吵过之后会立刻和好如初，但是孩子却可能陷入巨大的恐慌之中，他们会认为是自己的原因导致了父母的争吵，因此产生很强的罪恶感。有的孩子还会刻意讨好父母，为的就是父母不再争吵。

一个生活在父母经常争吵的家庭中的孩子，会逐渐产生信任危机，长大后可能对建立亲密关系感到恐惧。如果父母长期感情不和，那么即便原本性格再开朗的孩子，也会变得沉默寡言，甚至是性情冷漠。

而反观那些在父母恩爱的环境中长大的孩子，则表现完全不同。某知名女演员曾在一期综艺节目中说自己是精神上的"富二代"，因为她从小就是爸爸妈妈之间的"电灯泡"，父母恩爱让她有足够的安全感去面对这个世界，所以她从来不怕黑，无论做什么事情，内心都是坦坦荡荡的。

生活在父母恩爱的家庭中的孩子，是非常幸运的，因为他们见过人世间最好的感情，所以对健康的爱拥有敏锐的嗅觉，人生的方向感就不容易出错。著名婚恋专家约翰·格雷认为：夫妻关系的好坏，直接影响到亲子关系的好坏。如果亲子关系出了问题，即便立了规矩又能起到多大的作用呢？

因此，作为成年人，我们要学会控制自己的情绪，与伴侣之间达成"君子协定"，争吵时尽量避开孩子，不要给孩子幼小的心灵造成伤害。

◉ 不要在孩子面前抱怨彼此的父母

常言道："百善孝为先。"一个人若是连孝顺老人都做不到，那么还怎么去教孩子呢？而孝顺老人，不仅仅是指孝顺自己的父母，还包括伴侣的父母。而孝顺的内容，也不仅仅是尽到赡养义务就好，还包括不当着孩子的面，指责对方父母的不是。

现在的孩子多半是爷爷奶奶或是姥姥姥爷在带，两代人之间的育儿观念难免会有所不同，年轻人觉得老人的那一套都过时了，所以希望老人事事处处都按照自己说的来办，一旦老人做得不对，就会对老人心生抱怨，然后再对着自己的伴侣表达出自己的种种不满。

在这种环境下耳濡目染的孩子，你觉得他会学到什么呢？我们给孩子定下了"尊老爱幼"的规矩，让孩子不要跟大人顶嘴，但是自己却经常当着孩子的面，说孩子的爷爷奶奶做得不对，说孩子的姥姥姥爷溺爱孩子，那么孩子能学会的，就是对老人越来越刻薄，甚至对老人充满敌意。

如果对家里帮忙带孩子的老人有意见，可以跟老人私下沟通，或者是夫妻间私下沟通，不要将孩子牵扯到大人的矛盾中来，以免孩子将来变成一个不明事理、不懂尊重长辈的人。

3. 父母先管好自己，才能管好孩子

记得有一张在地铁上拍摄的照片，曾被朋友圈的许多父母转载过，照片上是正在乘坐地铁的两对母子，其中一对母子，妈妈拿着书看，孩子也拿着书看；另一对母子，妈妈拿着手机看，孩子也凑过去跟着看手机。

这一幕让我为之一颤，我们或许意识不到，自己平日里一个不经意的动作，已经深深地影响到了孩子。这也是为什么平日里我们管教孩子，孩子却总是不听话的原因，因为父母起到了很好的"带头"作用。

　　朋友曾经跟我提起过发生在他身上的一件事。

　　朋友有抽烟的习惯，妻子说了他很多次，但是他都无法抵抗香烟的吸引力。同时，朋友也觉得吸烟损害的是自己的健康，对其他人没有影响，所以戒不戒烟没有多大关系。

　　直到有一天，朋友的儿子笑笑跟小朋友一起玩过家家，笑笑负责当爸爸后，便拿起一支铅笔别在了耳朵上。过了一会儿，笑笑又拿下耳朵上的铅笔，放在嘴里假装吸了一下，并做出了吐烟的动作。

朋友见状，气不打一处来，上前打掉了笑笑手中的铅笔，说道："你怎么不学好呢？学什么抽烟！"被打的笑笑感到很委屈，撇着嘴说："爸爸，你也抽烟！"

孩子的一句话，犹如一记重拳打在了朋友身上。是啊，自己还抽烟呢，又有什么资格说孩子呢？

事后，朋友说："我们总怪孩子做得不好，其实是自己没有做好。"

的确，在育儿的道路上，父母若是不能做好榜样，孩子就很容易走上歧途。父母若是管不好自己，给孩子讲再多教育的真谛都没有用。那么，在给孩子订立规矩前，身为父母的我们，都应该从哪些方面管好自己呢？

⊙ 父母要管理好自己的一言一行

先讲一个笑话：有一个小男孩对着同学说了一句脏话，他爸爸听到了，上去就是一巴掌，骂道："你这个小兔崽子，谁让你说脏话的？"

是啊，究竟是谁让小男孩说脏话的呢？答案昭然若揭。如果我们留心观察就会发现，那些满嘴污言秽语的孩子背后，都站着一个把脏话挂在嘴边的爸爸或妈妈。相反，每一个谈吐优雅的孩子背后，站着的都是一对说话举止彬彬有礼的父母。

著名相声演员郭德纲和他的儿子郭麒麟就是这方面最好的例子，无论是谁接触过郭麒麟，都要忍不住夸上一句"有教养"。而郭麒麟待人接物、说话办事那谦卑有礼的样子，都是郭德纲言传身教的结果。

郭德纲个人的规矩素养，有很大部分来自家庭氛围的熏陶。他从来不说一个脏字，对待长辈永远是毕恭毕敬的样子。正是在父亲的教育之下，郭麒麟才能成为行走的礼仪教科书。

所以，父母只有先管理好自己的一言一行，孩子才能有样学样，并且在面对父母定下的规矩时，才会自觉地去遵守。

▶ 父母要管理好自己的情绪

在给孩子制定规矩的时候，父母的情绪尤为重要。因为一个不能控制自己情绪的家长，也无法培养出深明事理、不骄不躁的孩子。

我们在面对不守规矩的孩子时，常常不能控制自己的情绪，轻则训斥，重则打骂。在这个过程中，孩子除了全面吸收来自父母的负面情绪外，唯一能够学会的，可能就是在面对自己不如意的事情时，用发脾气的方式来解决吧！

可以说，每一个孩子都需要情绪稳定的父母。就算是孩子做错了事情，情绪稳定的父母也不会对他们大喊大叫，而是能够平心静气地与他们好好谈。这样孩子才能拥有好的性格，在面对父母定下的规矩时，才不会产生逆反的心理。

胡适曾经说过："如果我学得了一丝一毫的好脾气，如果我学到了一点点待人接物的和气，如果我能宽恕人、体谅人——我都得感谢我的慈母。"胡适是出了名的好脾气，而他的好脾气就取决于他妈妈的榜样作用。

＞ 父母要管好自己的欲望

人会管不住自己，往往都是内心的欲望在作祟。父母若是无法控制自己的欲望，一味地放纵自己，那么就无法培养孩子的自律。如果父母在想玩游戏的时候就玩游戏，想睡懒觉的时候就睡懒觉，完全释放自己的欲望，那么孩子向谁去学习自律呢？

而我们给孩子订立规矩，其实就是通过规矩培养孩子的自律能力。每一个孩子都是天生的模仿者，父母想要孩子能够遵守规矩，能够控制住自己的欲望，首先自己就要做到管好自己的欲望。正人先正己，管孩子也是一样，只有父母管好了自己，才有资格去管孩子。

4. 父母要先在规矩里成长

父母给孩子定规矩之前，首先要明确一件事，那就是规矩不仅仅是给孩子定的，父母也同样需要遵守规矩。身边很多小孩子无法遵守规矩，我发现大多是因为他们的父母就没办法说到做到。

邻居家的小孩子楠楠与我的女儿一般大，是一个十分淘气的小男孩，同时也是楠楠妈妈口中"一刻也离不开手机"的孩子。

为了控制楠楠玩手机的时间，楠楠妈妈要求楠楠每次只能玩半个小时，然后休息一个小时。对于楠楠来说，能玩手机就比不能玩强，于是答应了妈妈要求。

起初，妈妈为了给楠楠做榜样，也尽量缩短自己在孩子面前看手机的时间，除了必要的工作和生活所需，楠楠妈妈尽量不去看手机。但是坚持了没几天，楠楠妈妈就有些坚持不下去了，尤其是在无事可做的时候，就想打开手机看看小视频，或是看小说。

有一次，楠楠妈妈刷小视频刷上了瘾，不知不觉一个多小时就过去了，楠楠站在一旁说："妈妈，你都看了好久手机了。"

楠楠妈妈头也不抬地说："儿子，你有什么事吗？"

楠楠说："你只让我看半个小时，你自己却看起来没完没了。"

楠楠妈妈一听，生气了，说道："我是大人，我看手机还得让你管着呀？"

楠楠没有再说什么，之后却不愿意再遵守妈妈之前定下的规矩，他说："凭什么大人就可以不用守规矩，而我就必须守规矩？"

父母是孩子的第一任老师，在孩子年幼时期，接触最多的人就是父母，所谓"上行下效"，同样地，孩子会模仿父母的行为。所以父母立下规矩，自己就要带头执行，这样孩子才有学习的榜样。父母以实际行动遵守的规矩，比写在纸上、说在嘴上的规矩更有说服力。

相反，家长没有原则和规则的时候，也很难教育好自己的孩子。因为孩子知道自己的父母是没有底线和原则的，所以孩子可以随意打破家长定下的规矩。

那么，在给孩子定规矩的过程中，我们应该怎么带头遵守规则呢？

⊙ 身教重于言传

古训有言："身教胜于言教。"这是我国传统家教的重要经验。但是在给孩子定规矩时，大部分家长都只停留在"口头传达"上。

孩子回了家，父母会说："赶紧去学习。"但是孩子到底有没有去学习，父母却懒得去看一眼；让孩子晚上9点之前要上床睡觉，但是自己却时常熬夜追剧；不准孩子玩电子游戏，但是自己却打游戏打得忘乎所以……

父母一边做着破坏规矩的事情，一边却又要孩子必须遵守规矩，这不但不会让孩子学会如何去遵守规矩，还会让孩子形成一个印象，那就是长大了就可以不守规矩了，父母不在身边监督了，就可以放纵自己了。正人先正己，想让孩子做一个遵守规矩的好孩子，我们首先就要做带头遵守规矩的好父母。

⊚ 别只要求孩子，不要求自己

常言道："严于律己，宽以待人。"但是在给孩子定规矩的过程中，家长们往往都是"宽以律己，严以待人"，对自己的要求很宽松，却要求孩子必须按照规矩去办。或者是自己做不到，却要求孩子必须做到。

那么作为孩子，他心里就要不服气了，凭什么爸爸妈妈可以随便破坏规矩，自己就要被约束？不要拿"爸爸妈妈已经是大人"这样的话语来压制孩子，约束孩子主要靠规则，而不是靠父母的威严。换句话说，一个带头破坏规矩的父母，在孩子心中，也没有什么威信可言。

所以，我们在给孩子制定规矩的时候，不要只要求孩子不要求自己，要重视自己在孩子面前的榜样的力量。凡是我们要求孩子必须做到的准则和规矩，我们必须要比孩子先做到；我们要求孩子做好的事情，要比孩子做得更好。这样孩子才能对我们心服口服，对我们制定的规矩，也不会充满排斥的情绪。

⊙ 父母要言行一致

对于孩子而言，最难过的事就是父母言行不一，因为父母是他们最信任的人。如果父母在对待孩子时"面前说一套背后做一套"，那么孩子对父母就会渐渐失去信任。因此，在生活中，父母时时刻刻要注意言行一致。在给孩子定规矩时，父母也要做到言行一致。

比如，某项规则无法执行，或者不能持续执行，我们说了"不要执行了"，就真的不要再去执行了。不要因为一时激动就说出气话，之后回过头来想想，又觉得不应该那样，于是将自己之前的结论再次推翻。次数多了，我们的话对孩子就失去了约束的效力。

如果确实有不可抗拒的因素导致我们无法"说到做到"，那么我们就要在事后认真地跟孩子解释其中的缘由，取得孩子的理解。

只有父母"说话算话"，亲子之间才会建立起信任和尊重的关系，为下一步执行规矩奠定良好的基础。

5.给孩子树立起"知错就改"的榜样

榜样的力量是无穷的,父母的言行无时无刻不在影响着孩子的成长。英国教育家洛克主张,在教育孩子时,与其让孩子记住规则,还不如给他树立榜样。这"榜样的力量"里,就包括"知错就改"。

电视剧《小欢喜》热播时,我和爱人每天都守在电视机旁准时观看,电视剧中的几组家庭各有各的特点,每个家庭都能从上面找到自己家的影子。

记得有一集中,身为高官的季爸爸在和儿子争吵过后,主动放下身段,当着众人的面给儿子赔礼道歉,承认了自己的错误,平时性格冷漠的儿子在那一刻被爸爸感动了,颤抖着身体,眼泪止不住地流淌下来,对父亲积攒了多年的怨恨,在那一刻全部释怀了。

看到这里,我的爱人抹了抹眼睛,我还笑话他"大男人还哭鼻子",后来他给我讲了他小时候的一件事。有一次,他跟同学在学校打架,原因是那个同学先出口伤人,他实在气不过才推了那个孩子一把,结果那个孩子上来就跟他扭打在了一起。

事情被老师反映到他父亲那里时,就变成了他寻衅滋事,主动挑衅的那名同学却成了无辜的受害者。父亲当场要求他道歉，他死活不愿意，父亲气急之下，给了他一巴掌，他哭着离开了学校。

后来父亲碰到了他的同班同学，通过同班同学的讲述，知道了事情的真相，父亲知道自己冤枉了他，但是也没有向他道歉，而是继续埋怨他说："我怎么就生了你这么个不争气的东西，成天就知道给我找事。"

爱人说，那一刻他想到了死，真的很想死在父亲的面前，就看看他会不会后悔，会不会跟自己道歉。

听完爱人的叙述，我无法再笑话他。他接着说，在教育孩子的问题上，他特别佩服我的一点就是我能够很坦诚地跟孩子道歉，从来不会顾及自己的面子问题。我想，这可能跟我自身的成长经历有关。

我的父母都是比较开明的人。我也忘了自己具体是在几岁，只记得当时父亲带我经过一条路，我们同时指着路牌上的字念，但是我跟父亲念的读音却完全不同，我坚持说自己是对的，但是父亲说："我一个大人还没你一个孩子识字多吗？"

　　我很不服气，觉得父亲有些蛮横。但是隔了一天后，我放学一进家，就看到父亲站在门口等我，见到我的第一句话就是："宝贝女儿对不起，爸爸得向你承认错误，那天那个字确实是你念对了，我错了。"

　　当时被父亲训斥的不快我早就已经忘记了，但是父亲居然还为此去查字典，知道自己错了后，还郑重其事地向我道歉。那个场面，令我至今难忘。

　　从那以后，我就知道了懂得示弱。主动道歉的父母，不仅给孩子树立起知错就改的榜样，同时也能赢得孩子真正的尊敬。

　　那么，在现实生活中，我们怎样给孩子树立起一个"做错能改"的良好形象呢？

▷ 放下面子，主动承认错误

　　人非圣贤，孰能无过。知错就改，善莫大焉。人生在世没有不犯错的，但犯了错，就要有勇气去承认并改正错误。但现实中，很多父母犯了错误不愿意在孩子面前承认，因为在他们眼中，孩子还小，什么都不懂，道不道歉都没有区别。

　　但实际上，孩子虽然年龄小，但是心里的感受却清楚得很，父母做了什么让他们感到委屈，父母又做了什么让他们感到释怀，他们都会记在心里。孩子又都十分善于模仿，很多孩子长大以后犯了错却不愿意承认，跟父母从来不愿意主动跟他们道歉有很大的关系。

因此，我们若做错了事，就要敢于在孩子面前承认错误。让孩子知道什么是对的，什么是错的，错了以后该怎样去做。

＞ 态度真诚地道歉

很多父母在跟孩子交流时，都是以居高临下的姿态进行，习惯了这种姿态后，在给孩子道歉时也是这样。

我曾经在公园看到过这样一幕：父子俩面对面站着，孩子低着头，父亲也低着头。父亲说："爸爸错了，你别生气了，我们赶紧回家吧！"孩子仍旧低着头，不为所动，父亲又说了什么，孩子还是无动于衷，父亲便一把拉过孩子，在孩子的哭闹声中，硬是将孩子塞进了车后座里。

这个父亲全程没有蹲下来看着孩子的眼睛说话，一直都是高高在上的态度，从道歉的话语中听不到一丝真诚的情感，让我这个外人听来，更像是父亲急着回家，不得不用道歉的方式让孩子屈服于他。

给孩子道歉，首先要蹲下来，看着孩子的眼睛，这样我们才能看到孩子的反应，更因为只有这样，孩子才能感受到来自父母真诚的歉意。

> 不但知错，还要改错

有的家长很有意思，批评孩子时常说孩子"屡教不改"，而自己也是个"屡教不改"的典型。其实认错并不难，一句"对不起"而已，才短短三个字，难的是知错后能改正。有一个妈妈，因为逛街忘记了时间，导致孩子在幼儿园滞留了一个多小时。见到孩子后，她很真诚地跟孩子说："宝贝对不起，妈妈迟到了，下次妈妈一定注意。"孩子听了，很大度地原谅了妈妈。

结果下一次，这个妈妈又因为其他事情，将接孩子的事情抛到了脑后。这一次，她再向孩子道歉，孩子不再轻易原谅她了，孩子说："你上次就说不会再迟到了，结果又迟到了，我不相信你了。"

我们跟孩子道歉，目的并不仅仅是征求孩子的原谅，也不仅仅是疏导孩子的情绪，更重要的是我们能够真正认识到自己的错误，并且以后不再犯了。同时，也让孩子知道这个道理：道歉的目的除了求得原谅外，还有警示自己不要再犯同样的错误。

第三章

制定规矩的五项原则

　　父母给孩子制定规矩的最终目的，是为了规矩能够顺利地实施下去。很多规矩无法贯彻下去，原因就在于父母没有用切实可行的方式，要么规矩定得有问题，要么执行过程不讲究方法。所以规矩不是想怎么定就怎么定，而是要讲究实用性和科学性，既让孩子能够好好地遵守规矩，又不会因为规矩而影响孩子的天性发展。

1. 原则一：规矩要简单易懂

孩子实际的理解能力与大人所认为的情况之间，还存在着很大一段距离，有时候，孩子"不听话"的表现，并不是他们不想听话，而是他们根本没有听懂父母的话。

天底下的小孩子可能都有一个爱好，那就是走路的时候喜欢踩着又窄又长的"马路牙子"。记得有一次，我在街上也看到了一个大约三四岁的小女孩，只见她一会儿在马路上跑两步，一会儿又踩上"马路牙子"摇摇晃晃地走几步。她妈妈一边扶上扶下，一边忍不住问道："你能不能好好走路呀？"

每次妈妈这么说的时候，小女孩都会很认真地看妈妈一眼，然后点点头，但不一会儿似乎就将妈妈的话忘了，继续走走路面，走走"马路牙子"……她妈妈在一边不住地叹气，继续重复着自己的那句"好好走路"。

后来，孩子妈妈的电话响了，妈妈便将注意力放在了接电话上，孩子独自一人上了"马路牙子"，摇摇晃晃地走着，忽然一只脚没有踩稳，整个人摔进了旁边的花坛里，被树枝刮伤了脸，"哇哇"大哭起来。孩子的妈妈连忙挂了电话，将孩子抱了起来，检查了一下并无大碍后，说道："妈妈让你好好走路，好好走路，你就是不听话，这下摔倒了吧！下次你还这样走路吗？"但回答孩子妈妈的只有孩子一声高过一声的哭泣。

孩子真的不听话吗？并不是这样的，而是孩子并没有理解妈妈口中的"好好走路"究竟是怎样走路。就像我们平时对孩子经常说"你要乖一点儿"，但是"乖"的含义太广泛了，究竟怎样才算乖？我们对孩子说"你要认真学习"，但是"认真"这个词太抽象了，何为"认真"？这些概念在孩子心中都没有明确的答案，再加上孩子受年龄所限，在很多时候不知道该如何表达自己的疑惑，只能选择"不听话"。

同样，如果我们给孩子定规矩时的语言不够明确，那么就会影响孩子对规矩的理解，若是孩子连规矩究竟规定了什么都没有理解，又怎么能准确无误地执行规矩呢？下面这几个小技巧，能够帮助我们把规矩说得更简单、更直接，让孩子一听就懂。

◇ 用简单的逻辑代替复杂的规矩

我们给孩子定下的规矩，通常都是针对一些具体的场景来说的。孩子在幼儿时期，他们的思维都非常简单，当遇到比较复杂的情况时，孩子就会反应不过来，因为他们发现同一个规矩，在不同的场景里，执行起来会有不同。

比如，我们经常会跟孩子说："不可以爬高哦！"但是这个规矩在不同的场景里，实施的过程会有所改变。如果是爸爸妈妈在看孩子，对于孩子爬一些比较高的地方，父母具有保护的能力，所以就会支持孩子向上爬；如果是爷爷奶奶看孩子，由于他们的岁数大了，体力跟不上，所以对孩子往高处爬这件事，往往都会制止。

所以问题就来了，孩子就会奇怪，为什么有时候可以爬，有时候不可以爬呢？

我们要是想将能不能爬高的各种情况都跟孩子说清楚，以孩子的思维能力是根本无法理解和记住的，这个时候，我们就可以用简单的"在你想要干某事的时候，要先跟家里大人说，大人同意了，才可以进行"这样的逻辑来订立规矩。

对于其他一些比较复杂的情况，也可以用"做某事之前，先让大人知道"的方法来给孩子定规矩，这样孩子既可以很好地执行规矩，也能够在安全的范围内进行探索。

⊚ 巧用肢体语言

比起话语，肢体语言的优势十分明显，那就是更为直观，更为简单。而且孩子十分喜欢用肢体语言，因为这样比通过组织语言表达内心情感简单多了。如果我们在给孩子定规矩的过程中使用肢体语言，会进一步拉近与孩子之间的距离，降低孩子对规矩的排斥感。

比如，我们想要跟孩子说"不可以"的时候，除了通过语言表达，还可以将两根食指交叉，摆出"禁止"的手势。这样做的好处有很多，一来可以避免我们因为多次重复规矩而失去耐心，可以减少我们唠叨和发火的次数；二来，如果是在公众场合，或是我们心情不太好的时候，用肢体语言可以避免我们大声地吼孩子。

很多时候，我们跟孩子说好多遍"不可以"时，孩子都置若罔闻，但是如果我们做出"禁止"的手势时，孩子就会奇迹般地停下来。究其原因，在于孩子可能更喜欢父母用温和的态度对待他们。

不过，这个方法只适用于我们传递比较简短的指令，尤其是对于禁止类的规矩会非常有用。

◉ 帮助孩子表达

在给孩子订立规矩的过程中，我们会遇到孩子故意不回应我们的时候，其实，并不是孩子不想回应，而是他们的表达能力还没有发展完全。

大部分孩子差不多要到四五岁，才能够做到很好地表达自己，在此之前，孩子想要表达清楚一件事，或是将自己内心的想法表达出来，对于他们而言，可不是一件简单的事情。尤其是遇到要拒绝父母这种复杂的情况时，他们不懂得如何为自己辩解，只会用简单的"不"，或是哭闹，或是不回应这样的方式来应对。

因此，当我们遇到孩子不回应的情况时，我们就可以先猜一猜孩子究竟想干什么，然后替他们将内心的想法表达出来。

比如，我们跟孩子说："宝贝，我们出去玩吧！"孩子听了，既不说"好"，也不说"不好"，只是低头摆弄着手中的玩具，那就说明他们可能并不想出去，这个时候我们就可以将他们的内心想法替他们说出来："宝贝，你是不是想在家里玩玩具，不想出去玩呀？"

如果我们猜对了，孩子就会感到很高兴，因为他们感受到了来自父母的爱与理解，我们也建立起了和孩子之间的情感链接，为我们接下来与孩子沟通提供了方便。同时，孩子通过我们替他们表达的话语，学习到了自己该怎样表达。

很多父母在定规矩时，喜欢用一些量词来约束孩子的行为，比如只可以看 15 分钟的电视、不能吃太多冰激凌……像这种表示时间、长度、多少的词语，在孩子眼中都属于"抽象"的词语，尤其是年龄较小的孩子，他们是没办法理解这些概念的。

更好的办法是，我们将这些抽象的概念变成孩子可以看得见、摸得着的东西。比如，只可以看 15 分钟电视这件事，我们可以拿出一个表，对着孩子说："当长针走到这个位置上，就不能看电视了。"也可以准备一个沙漏，告诉孩子："等上面的沙子都漏完了，就不可以看电视了。"

用这样的方法，可以大大减少我们和孩子之间因为规矩的定义而产生的争执，也能够帮助孩子更好地执行规矩。

2.原则二：自由与规矩并行

我母亲常常跟我感叹："现在养个孩子太难了，过去让孩子吃饱穿暖就可以了，家里四五个孩子，大人哪里看得过来，都是大的看小的，也都好好地长大了。现在呢，家里就一两个孩子，能把一屋子大人支使得团团转。"

　　母亲这话真没错，现在的家庭越来越重视对孩子的教育问题了。因为重视，所以面临的问题也会更多，这是一个"孩子难，家长更难"的年代，孩子要成长要发展，父母要约束要管教，这之间如何做到平衡，就成了一大难题。

　　有的家长认为不应该过多地约束孩子，尤其是6岁以前的孩子，正处在探索发展的关键期，因此要给予孩子探索发展的自由；而有的家长认为"小树不修不直溜"，规矩就要在孩子小时候制定，这样孩子才能按照大人期许的方向发展。

　　于是这就形成了两个极端，有的家长认为孩子还小呢，要给予孩子更多自由成长的空间。现实中有多少孩子被父母这句"他还是个孩子"给害了呢？比如，在火锅店将其他顾客的手机扔进汤汁中的小孩子，也被父母说"只是个孩子"；还有被吊销了驾驶证，但为了挣钱使用假证件违法运输，被交警查获的 31 岁青年，依旧被父母说"他还是个孩子"……

自古"慈母多败儿"，如果父母认为不管孩子做什么，都应该维护和支持，就是给予孩子自由成长的权利，那就大错特错了。如果孩子从小没有规则意识，最终会在走入社会以后吃苦头。

相反，如果父母给孩子规定的"条条框框"太多了，同样也不利于孩子成长。我有一个朋友，十分爱干净，她无法忍受家中有一丝丝脏乱。有孩子的家庭都知道，家里怎么可能不脏不乱呢？

于是，朋友为了维护家庭的整洁，从孩子开始爬行之后，就在家里装了一个围栏，只允许孩子在围栏内活动和玩耍，任何玩具都不可以拿到围栏外。孩子如果想要在屋子里玩耍，那就只能在指定的屋子里进行，在其余的屋子里，绝不可以乱翻乱动。有一次，孩子淘气在墙上画了一个圆，就被她用"戒尺"打了手板。

结果是，朋友的家中确实整洁得一尘不染，任谁看了都不像是家中有孩子的家庭。但是孩子却是出了名的胆小怕事，在幼儿园里，无论干什么，永远都是躲在角落里的一个，就连上厕所这样的小事，都不敢跟老师说。

幼儿的胆量和认知，都是靠着在生活中不断的摸索中建立起来的，如果父母硬生生地阻断了孩子的探索，那么就相当于切断了他们认识环境的途径，一个对外界缺乏了解和认知的孩子，自然就会变得越来越胆怯了。

这就是给孩子定规矩最难的地方，如何既约束孩子的行为，又不影响孩子对这个世界的探索呢？规矩定得太松，约束力就不够，无法很好地规范孩子的行为；规矩定得太紧，又容易阻碍孩子的正常成长，使孩子变得自卑胆小，缺乏主见和自信。

那么，我们怎么做才能让规矩定得"松紧有度"，既不过松也不过紧呢？

＞ 用替代法满足孩子的内心需求

孩子的大部分行为都是被他们内心的需求所驱使的，比如：口欲期的孩子喜欢将拿到的东西往嘴里放，肚子饿的孩子想要吃零食等。这个时候，如果我们严厉地制止孩子，跟孩子说："不可以把东西放嘴里。"或是说："不可以吃零食。"孩子内心的需求无法得到满足，他们就会觉得很难受。

其实，面对这种情况，我们也不是只有制止这一个办法可以用，如果我们无法直接满足孩子的心理需求，那么可以通过间接的方式来满足。

就拿孩子口欲期喜欢往嘴里放东西这件事情来说吧，我们可以给孩子准备一些可以随便啃咬的东西，比如磨牙棒、牙胶等物品。在孩子将地上捡起来的玩具放进嘴里时，我们就可以将准备好的磨牙棒给孩子，跟孩子说："地上捡起来的玩具不可以放进嘴里哦，但你可以将这个玩具放进嘴里。"

再比如孩子吃零食这件事，孩子胃口小、活动量大，往往吃完饭没一会儿，他们的小肚子就会有饥饿感，可能就会吵着要吃零食。这个时候，我们可以提出"我们吃点坚果好吗"的建议，或者将零食换成孩子比较爱吃的水果，这样就可以既保证孩子饱腹，又避免孩子吃过多零食。

⊙ 不要给孩子提供太多选择

如果我们希望通过规矩让孩子养成良好的习惯，但是又不希望遭遇到孩子强烈的反抗时，就可以给孩子提供一些选择，但是要将选择的范围缩小到可以控制的范围。

比如，带孩子到玩具店，如果我们问孩子："你想要什么呀？"那孩子的选择可能就会超出我们的预期。但如果我们问："你是想要变形金刚，还是想要遥控汽车？"那孩子的答案，往往就会被限制在我们的问题当中。

给孩子提供有限的选项，可以在我们控制的范围内，让孩子体会到自由抉择的快感，既满足了孩子的需求，也不至于对孩子的管教过于宽松。

⊙ 给予孩子规矩的安全感

在给孩子定规矩时，我们常会遇到这样的难题，就是孩子特别喜欢某样东西，但是我们又必须去限制他们，比如吃糖、看电视等。

有限制就可能会遇到反抗，而孩子的反抗，多半是因为他们怕"过了这个村就没有这个店"了。在这样的心理驱使下，若是得到家长直接的制止"不可以"，那孩子多半会反抗。所以，我们要让孩子对规矩产生信赖，让他们相信，如果遵守规矩，那么第二天依旧可以得到自己想要的东西，他们就会比较愿意遵守规矩了。

就拿吃糖这件事情来说，如果我们给孩子规定了"每天只能吃两颗糖"，那么当孩子开始耍赖的时候，我们就可以说："明天你还可以再吃两颗。"到了第二天，我们一定要说话算数，按照约定好的时间和数量，将糖给孩子。当孩子建立起规矩的安全感时，他就比较愿意去遵守规矩了。

3.原则三：忽略与强化同在

演员孙俪曾在网上发了这样一条微博，内容是：

"昨晚在餐厅吃饭，两个孩子，我叫了八百遍先去洗手，没人理我……我心想：随便他们去，脏手吃了拉肚子，生病，有了后果得了教训，这样他们可能永远都不会忘记了……没出10秒……我又想，不对呀，现在流感那么厉害，万一中招了，还不是羊毛出在羊身上，最终都是我自己的事情呀……然后，我又叫了八百遍催他们去洗手了。”

　　这一幕是多么的熟悉，相信在很多家庭都无数次地上演过，有时候就因为这么小小的一个规矩，还会跟孩子闹得鸡飞狗跳。洗手这么简单的规矩，尚且都要花费半天的力气，那复杂的规矩执行起来，就更加不容易了。

　　其实，给孩子立规矩的过程可以更加温和一些，大可不必与孩子之间搞到“剑拔弩张”的境地。很多时候问题并没有多么严重，而是“世上本无事，庸人自扰之”。定规矩也是这样，面对孩子做得不好的地方，有时候并没有必要着急生气，只是我们给自己找不痛快罢了。有时候，有选择性地忽略孩子的一些行为，可以让双方的情绪缓和下来，这样更有利于规矩的执行。

对此，有的家长可能会担心，我们选择忽视，会不会让孩子变本加厉，或是觉得自己不受重视呢？答案是不会，因为我们并不是忽视所有，对孩子做得好的地方，我们还要及时地肯定和鼓励。

下面，我们就分别来说一说，孩子身上有哪些行为可以被忽略，我们又应该如何去强化孩子身上好的行为。先来说说在孩子身上有哪些行为可以被忽略。

＞ 安全的行为

孩子身上的一些行为，对孩子本人而言并不会造成伤害，但是却总是被父母屡屡禁止，比如玩泥巴、抠脚丫这样的行为，在父母看来，玩泥巴太脏了，抠脚丫不雅观，所以每当孩子出现这些行为的时候，家长就会立刻出言制止。

但实际上，这些行为都是孩子源于那旺盛的好奇心和探索的需求所做出的，父母越是禁止，孩子的需求就越是得不到满足，反而不利于他们成长。因此，只要是那些对孩子和他人不会造成伤害的安全行为，我们就可以选择忽略，不要跟孩子斤斤计较。

＞ 偶然的行为

有一些行为不常在孩子身上出现，但是偶尔出现一次，父母就对此过度反应，而孩子会因为自己这个行为得到了父母的关注，而将以前只是偶尔出现的行为变成频繁出现的行为。

因此，对于孩子偶尔出现一次的行为，我们没必要引起太大的重视，这可能仅仅是孩子一次突发奇想的尝试，也可能只是他们在当时觉得这样做很有趣。如果我们选择了忽视，他们可能过了这一阵就忘记了。

不过这并不代表对于孩子偶尔出现的问题，我们就完全不去管，只是说不用大动干戈，而是用"你这样做会更好"的方式来帮助孩子改正。

比如，我们已经给孩子定下了"垃圾丢到垃圾桶"的规矩，孩子也会遵守，只是偶尔会出现把垃圾扔在地上的行为。这个时候，我们就可以当着孩子的面，将垃圾丢在垃圾桶里。整个过程，动作和表情可以夸张一些。事实证明，很多孩子看到家长这个行为后，都会主动将自己的垃圾捡起来，然后扔到垃圾桶里。

❯ 求安慰的行为

当孩子想要得到父母的关注时，他们也会出现一些偶然的行为，比如在你打电话的时候，故意跑到你身边，又吵又闹。孩子也知道这样会被父母责骂，但是对他们而言，被关注的需求比被父母骂的恐惧更重要，所以他们宁愿被父母骂，也要"铤而走险"来博得我们的关注。

对于孩子的这种行为，我们如果可以放下手中的事情暂时满足一下他们，那么就满足一下他们；如果无法做到当下就满足他们，那么就可以选择忽视他们的行为，或者自己换个房间继续做自己的事情，或是假装看不见他们的行为就好。

接下来，我们再说一说如何去强化孩子身上好的行为。想要强化孩子好的行为很简单，肯定和鼓励就可以了，具体的内容我们可以这样去说：

＞ "我看到……，你真棒！"

当孩子根据我们的示范，将规矩执行得很好时，我们就可以首先将孩子所做出的行为说出来，然后再对孩子进行肯定。

比如："妈妈看到你将垃圾扔到垃圾桶了，你真棒！"

前半部分描述了孩子的行为，可以让孩子加深对这个行为的印象，知道父母认可自己这样的行为；后半句对孩子的鼓励，可以让孩子将这种肯定转化为再一次做这件事的动力。

＞ "你做了……，是一个……的孩子。"

相对于上一个句式，这个句式有一些复杂，属于上一个句式的升级版，当我们觉得孩子做得不错时，就可以说："我看到你将垃圾扔进垃圾桶了，你真是一个爱干净的好孩子。"

这样说可以让孩子知道他做这件事情的意义，将垃圾扔进垃圾桶是爱干净的表现，孩子很愿意贴上这种正面积极的"标签"，这会让他们更愿意继续这样做下去。

＞ "我相信……"

当孩子不愿意做某事，或是第一次做某事时，总是会表现出抗拒的心理，这个时候我们就可以表达对孩子的信任，来增强孩子的自信心。比如，孩子不愿意将垃圾扔进垃圾桶，我们就可以说："你是一个爱干净的好孩子，妈妈相信你会将垃圾扔进垃圾桶的。"

这样说可以帮助孩子勇敢地迈出第一步，从而继续向更好的方向走去。如果孩子是第一次做某事，那么我们不但要在口头上对孩子进行鼓励，还要在行为上帮助他们完成。比如，孩子第一次自己上卫生间，可能会有点害怕，这个时候我们就要陪着孩子一起走到卫生间门口，然后在卫生间门口等着他们。父母对孩子的信任，可以让孩子变得更加自信，更愿意主动去探索和尝试，最终成为一个独立自主的人。

4. 原则四：事先制定惩罚制度

到底能不能惩罚孩子？这是一个十分具有争议的话题。在我的孩子还小的时候，我是坚决反对惩罚孩子的一派，孩子那么可爱，怎么忍心惩罚他们呢？后来随着孩子的成长，叛逆期的到来，我时常被孩子气得血压飙升，那个时候才发现，不惩罚不行，尤其是对于定规矩这件事情来说，一个不需要孩子承担相应后果的规矩，就像是一张没有规定还款日期与利息的借款条，不具备任何约束效力。

我女儿刚上一年级的时候，没有什么时间观念，每天早晨起床后，无论做什么事情都是磨磨蹭蹭的。几乎每天早晨，都是在我一声又一声的催促中完成穿衣、洗脸、刷牙、吃早餐这一系列的事情。有时候我在一旁着急上火，她还是一副气定神闲的样子，真是"皇帝不急太监急"。

有一次，我实在被逼得没有办法，便横下心对等着送孩子的爸爸说："你走吧，今天就让她迟到一次，否则她永远不知道着急。"

孩子的爸爸一听，有些为难，问道："万一老师批评她怎么办？咱闺女脸皮薄。"

这何尝不是我担心的问题呢？但是如果不让她体会到后果的严重性，那么她什么时候才能重视起这件事呢？最后，等我们到了学校门口时，除了看门的老大爷，已经一个人影都没有了。

"咦？怎么没有人了？今天不上学吗？"女儿疑惑地问。

"因为你迟到了，其他小朋友都已经进教室了。"我告诉她说。

"啊？"女儿的脸色瞬间变了，下一秒就撇着嘴哭了起来。

"你现在哭也没有用了，你已经迟到了，你越在这儿哭，迟到的时间就越长。"我给她讲道理说。

"我不敢进去，我怕老师批评我。"女儿边哭边说。

听着她哭，我差一点儿就心软了。但最终还是硬下心肠对她说："每个人都要为自己的错误承担后果，迟到就是你磨蹭应该承担的后果。妈妈帮不了你，你可以选择自己走进去，向老师道歉，也可以一直站在这里，直到放学，但是妈妈不能陪你，因为妈妈还要工作。"

听到这里，女儿哭得更厉害了，她站在原地不知道该怎么办。整个过程我也没有催促她，而是静静地等着她做决策。过了一会儿，她整理好了自己的情绪，红着眼眶向校园里走去。

那天放学后，女儿不等我问，就对我说："妈妈，早晨老师批评我了，还让我在门口站了五分钟，进教室的时候，大家都看我，我觉得太丢人了，下次我再也不迟到了。妈妈，你给我买个闹钟好

不好，闹钟一响，我就知道要快点了，这样就不会迟到了。"

经过这一次"惩罚"，虽然她这磨蹭的毛病不会一朝一夕就改正了，但是从那以后，只要一说"会迟到"，她就会明显提速。而从这以后我明白了，任何没有后果需要承担的规矩，都不具备真正的约束力。因为孩子本身的年龄所限，他们的自控力本身就较弱，如果没有相应的后果，他们的天性就会战胜他们的理智，反正不遵守规矩也没什么，为什么还要遵守呢？

所以，要想让我们定的规矩能够有效地执行下去，就要事先将不遵守规矩需要承担的后果跟孩子讲清楚。所谓的"后果"就是惩罚，但是惩罚需要技巧，否则会伤到孩子幼小的心灵。那么，我们该怎么建立惩罚的制度呢？

❯ 惩罚之前，要说明原因

父母首先明确一点，我们对孩子的惩罚不是为了发泄自己心中的怒火，而是因为孩子违反了规矩。为了避免孩子误以为是因为爸爸妈妈生气自己才遭受惩罚，我们在惩罚孩子之前，要先跟孩子说明他们被惩罚的原因。

比如，孩子打破了玻璃杯，而我们事先给孩子订立过"不可以玩大人的杯子"这样的规矩，这个时候，我们就可以跟孩子说："我们之前说过，你可以玩自己的水杯，但是不能玩爸爸妈妈的水杯，现在你把妈妈的水杯打碎了，所以你要受到惩罚，这个月不能买玩具了。"

如果我们不说明原因，孩子很可能就会认为自己被惩罚是因为爸爸妈妈生气了，那么在他们生气的时候，他们就会采取同样的方式对待其他人。比如，他们打碎了玻璃杯，妈妈打了他们，却又不说明理由。他们就会认为自己打破了玻璃杯，妈妈很生气才打了他。然后等他生气的时候，他就会通过打别人来发泄自己心中的怒火。

⏵ 惩罚要一视同仁

教育孩子的一大要点，就是要公平，这个原则不仅仅适用于小朋友之间，还适用于孩子与家长之间。简单来说，就是哥哥打了弟弟要被罚，弟弟打了哥哥也要被罚。如果规矩中制定了"打人要被罚"，那么孩子打了别的小朋友要被罚，父母打了孩子，父母也要被罚。

这个公平说起来简单，做起来却很困难，尤其是在家庭成员众多的情况下，很难做到绝对的公平。比如，我们规定孩子晚上 9 点必须上床睡觉，但是爷爷奶奶却看电视到 10 点。

这个时候就很难做到平等了，错误的做法是，对孩子说："你是小孩，爷爷奶奶是大人，他们可以晚睡，你不可以。"这样就等于父母在采取"权威"让孩子屈服，孩子可能会听家长的话，但是他们的内心却是不服的。

如果可以，建议遇到这种情况的家长采取"隔离"的方式来对待。比如，爷爷奶奶在另一个房间看电视，家长带着孩子在另一个房间睡觉，将孩子哄睡着了以后，家长再去做自己想做的事情。

只有在一个公平公正的环境中实施惩罚，孩子才不会觉得自己是被"压迫"的一方，反而他们会明白：这是规矩，大家都在遵守，自己也不应该例外。

⊘ 温和的惩罚方式

说到惩罚，可能大部分父母先入为主的概念就是打骂，但其实惩罚有很多种形式，有的方式既温和，又不会给孩子造成心理伤害。

撤销类的惩罚方式就是其中一种，所谓撤销类的惩罚方式，就是取消孩子原本拥有的特权或是一些游戏活动的时间。比如，孩子原本每天有 30 分钟的看动画片时间，孩子犯错后，就可以取消他当天看 30 分钟动画片的时间。

还有补救类的惩罚方式也比较常用，即让孩子想办法去弥补自己犯下的错误。比如，孩子将妈妈刚刚铺好的床弄乱了，我们就可以罚孩子将床铺恢复成原样。

另外，一些轻度的身体惩罚也可以使用。比如罚站、跑步、打掌心等。但需要注意的是，做这种类型的惩罚时，家长要确保自己的情绪处在一个稳定的状态，切忌在自己的气头上去做这件事情，因为人在生气的时候，往往控制不住力度，很容易伤到孩子。

⊘ 不可用的惩罚方式

与上面提到的惩罚方式不同，这里提到的惩罚方式是不建议家长使用的方式，因为这些方式会伤害到孩子幼小的心灵。

一是威胁孩子会遗弃他的方式，这种方式经常会在不经意间被家长采用。比如，孩子在外面玩，叫了几遍都不愿意回家的时候，家长就会吓唬孩子说："你再不走我不要你了哦！"

家长认为只是吓唬一下孩子，让孩子听话，又不是真的要遗弃孩子，所以对孩子造不成什么伤害。实际上，对于孩子而言，他们就已经陷入了会被妈妈"丢掉"的恐惧之中了。

除此之外，还有将孩子关进阳台，关进小黑屋，或是说要把孩子送人这样的行为，都属于这一类型。想想我们的孩子有多么爱我们，我们怎么忍心让他们成天生活在恐惧当中呢？

二是千万不要在自己愤怒的情况下打孩子，让孩子成为我们情绪发泄的"垃圾桶"，孩子长期处在被父母暴力对待的环境中，很容易形成童年创伤，甚至引发心理扭曲，长大后产生"报复社会"的行为。

5.原则五：明确规定"不可以"

规矩的存在，一方面是为了规范孩子的行为，另一方面是为了保障孩子的安全。过来人经常会说一句话，就是"不养儿，不知养儿难"。事实确实是这样，在没有养孩子之前，我从来不知道要把一个小孩健健康康、平平安安养大，是多么困难的一件事。

在我女儿的成长过程当中，发生过很多让我至今想起来还心有余悸的事情。有一年端午节，我和母亲忙着准备包粽子，2岁多的女儿就在我们旁边走来走去。

我自认为当时看得很好，时不时提醒女儿说："盆里的东西不要动哦。"女儿听到了，走到盆子旁边时，就赶紧站远一点儿。结果还是百密一疏，女儿不知道在什么时候拿了一粒花生米玩，并且趁我们不注意的时候，把花生米塞进了鼻孔里。

我见她一直在抠鼻子，便问道："宝贝，你鼻子痒吗？"女儿不说话，还是继续抠鼻子，于是我对她说："不要总是抠鼻子哦，鼻子会流血的。"

我的话音刚落，女儿就大声哭了起来，一边哭还一边指着鼻子说："出不来了。"我这才反应过来，连忙抱起女儿查看，才看到她已经将花生粒塞到了鼻子的最里面，鼻根的部分被花生粒撑得鼓了起来。

我当即抱上女儿，叫上母亲，一起向医院跑去。一路上，女儿总是哭，我一直在安抚她，生怕她呼吸得太用力，将花生粒吸进气管里，那后果简直不堪设想。

到了医院，医生询问了情况后，便让我和母亲紧紧抱住女儿，然后医生拿出一把又长又尖的镊子，准备用镊子将花生粒捏出来，女儿看到后吓得浑身发抖，哭得撕心裂肺。还好医生技艺高超，只用了几秒钟就将花生粒取了出来。

离开医院时，医生还嘱咐我们道："千万要看好孩子，别再出现这样的事情了。"

那天在回家的路上，我反复唠叨了不下几十遍，一直跟女儿说："不要再往鼻孔里塞东西了，千万不要再往鼻孔里塞东西了。"等到了家，我才发现自己因为惊吓过度，整个后背的衣服都湿透了。

而我身边，孩子发生各种意外的例子多不胜数。

有一个朋友，从来没有跟孩子说过不要碰烫的锅，结果孩子看到地上放着一口锅，认为里面有好吃的，于是趁大人不注意，想要自己掀开锅盖，结果没站稳，胳膊一下子滑进了滚烫的稀粥中。

稀粥不同于一般的开水，它会粘在孩子的身上，就是用水冲，一时半会儿都冲不掉。等家长好不容易将表面的粥冲掉了，才发现孩子的衣服和肉已经粘在一起了。为此，孩子在医院住了好久，伤口反复感染。后来出院了，胳膊上留下了难看的疤痕。

还有一个亲戚，从来没有跟孩子说过，不要踩没有盖好的井盖。于是，孩子在小区里玩的时候，看到一个井盖没有盖好，便和小朋友们一起在那里跳来跳去，结果一脚踩在了井盖上，万幸的是人没有掉下去，但是腿卡在井盖和井壁中间，硬生生将大腿骨卡骨折了。

很多时候，孩子遇到危险，都是因为父母的规矩定得不够及时，导致孩子在完全不知道会有危险的情况下，发生了危险。生活中，孩子会遇到的危险太多了。除了上面提到的内容，下面再具体说一下，在孩子的成长过程中，哪些方面还可能会导致孩子出现安全问题，同时针对这些危险，我们应该怎样去制定规矩。

⊙ 玩具方面存在的安全隐患

在给孩子购买玩具时，我们常会看到一些玩具上标着"此物品含有小零件，禁止3岁以下的幼儿使用"，其实就是怕孩子将玩具上的小零件误吞到肚子里，从而引起孩子窒息。因此，这一类型的玩具，不要给孩子买。

还有一些玩具上面有尖锐的棱角，也不适合孩子玩耍，因为孩子喜欢拿些玩具走来走去，万一摔倒了，尖锐的地方很容易刺伤孩子。所以这一类型的玩具也不适合给孩子买。

❯ 家中和户外的安全隐患

首先，家里是非常容易出现安全问题的地方，因为环境太过于熟悉，所以往往会让人放松警惕。但实际上，家里存在的安全隐患一点儿都不少，比如水、电、火、尖锐的桌角、楼梯、药品等。

因此，我们一方面要做好检查工作，一切孩子不能接触的物品，都不要让孩子碰到，比如老鼠药、洗洁精、消毒液、打火机等；另一方面，我们要用孩子能够听得懂的语言，告诉他们绝对不可以碰这些，比如插座上的孔、杯子里的热水等，为了让孩子印象深刻，我们还可以通过故事，或是情景重现的方式，让孩子对这些危险认识得更为深刻。

出了家门后，户外也存在不少安全隐患。交通安全、高空坠物、溺水、走失都是最常见的危险事件，因此我们要提前跟孩子说"绝不可以闯红灯""绝不可以站在围墙下""绝不可以独自下水""绝不可以离开妈妈的视线"。这些规矩，需要我们反复对孩子讲，并带着孩子反复演练，直到孩子记住为止。

❯ 性危险

最近几年，家长们越来越重视孩子的性教育了。往前几年，中国儿童的性教育基本是一片空白，家长羞于开口，孩子懵懵懂懂，因此儿童性侵案时有发生。所以，我们有必要将性教育提上日程，根据孩子的不同年龄给他们普及需要掌握的儿童性知识。

比如平时我们可以跟孩子说："小背心和小短裤遮住的地方，绝对不可以给别人看。"或是"不要让不认识的叔叔阿姨摸你。"除了语言的告诫，我们还可以给孩子读一些性教育的绘本故事，让孩子通过故事来学会如何保护自己。

总而言之，对于孩子的性教育需要爸爸妈妈耐心正确地去引导和解释，这样才能让孩子更健康快乐地成长。

第四章

不打不骂，也能让规矩执行下去

对于孩子而言，没有什么比父母的爱更加重要了。如果在执行规矩的过程中，父母能够用有爱的方式去督促教导孩子，那么孩子就能够感受到父母深深的爱意，愿意乖乖地执行规矩。相反，若是父母总是责骂孩子，甚至用殴打的方式让孩子执行规矩，那么孩子只会越来越讨厌规矩，并且不再愿意去遵守规矩。因此，在执行规矩的过程中，父母要学会控制自己的情绪，把握好管教的尺度，争取做到不打不骂地让规矩执行下去。

1. 请面对面地给孩子提要求

记得有一次到朋友家做客，我和朋友坐在客厅里说话，朋友家的两个孩子在他们的房间里玩耍。一开始两个小家伙还很正常，过了一会儿就玩疯了，一个拿着鼓"咚咚咚"地敲，另一个拿着喇叭"哇啦哇啦"地吹，严重影响了我和朋友之间的谈话。

朋友不好意思地向我笑笑说："男孩子，就是淘气。"说完，她冲着屋子的方向喊了一声："你们俩小点声，影响到我和阿姨了。"

但是孩子们仅仅停顿了一秒，声音就再次响了起来，而且比方才声音还大。这一次，朋友有些生气了，说话的声音也随之变得大了起来："我跟你们俩说话呢！不要制造噪声了，否则我把你们的玩具没收了。"

屋子里依旧没有停下来的迹象。朋友"腾"地一下站起身，气势汹汹地走进了房间，对着两个孩子一通大骂，但朋友骂完后，老大又吹了两声喇叭，好像跟朋友故意作对一样，气得朋友照着老大的屁股拍了两下。这下，屋子里顿时安静了。

这个场景在我们的育儿过程中经常会出现，就是不管我们怎么喊，孩子该干什么还干什么，仿佛没有听到我们喊话一般。孩子的不回应，时常让做父母的感到抓狂，起初还能控制自己的情绪，但是三五声过去，孩子依旧不听时，几乎没有人能够控制得住自己内心的愤怒。

其实很多时候，我们对孩子提出要求，孩子不照做，并不是因为他们有多么抗拒做这件事，而是因为他们觉得这件事可做可不做，究其原因就在于父母在与孩子说话时，没有面对面地跟孩子说，所以无法引起孩子的重视。

面对面给孩子提要求，看起来好像并不难，但实际上并不是只做到了"面对面"就可以达到我们的目的，具体做法还需要参考下文。

◎ 吸引孩子注意力

很多父母在跟孩子说话时，根本不管孩子的注意力是否在自己这里，只是自顾自地往下说，等说到最后，才发现孩子根本没有听，然后免不了冲孩子发一顿火。

所以，我们在跟孩子说话时，不仅自己不能分心，还要想办法引起孩子的注意力。最简单的办法就是叫孩子的名字，叫之前我们需要离孩子近一点儿，并且和孩子产生眼神交流后，再叫孩子的名字。也可以让孩子到我们的房间来，或是我们直接到孩子的房间去。总之，一定要确定孩子的注意力被我们吸引了，再对孩子说出我们的要求，然后让孩子按照我们说的内容去做。

　　除了叫孩子名字外，我们还可以站到孩子面前，对孩子说：
"看着我。"等孩子的眼神与我们的产生交流后，再向孩子提出我
们的要求。只有面对面与孩子进行眼神交流的时候，孩子的内心才
会产生一种约定感，并且会暂停手中正在做的事情，专注于听我们
说话。

＞ 明确地告诉孩子怎么做

　　当孩子的注意力被我们吸引过来后，我们就可以告诉孩子该怎
么做了。跟孩子说话时，要注意始终保持着对孩子的尊重，同时语
气要坚定，想让孩子怎么做，就要直接说出来，千万不要使用一些
在态度上模棱两可的言语。

有的家长，在无法招架孩子时，会利用哀求的方式跟孩子说话，比如"你就不能帮帮我吗？"这样的话在孩子听来，就是"可帮可不帮"。所以在孩子内心有些抵触的时候，他们就会果断地选择"不帮"，而这显然不是家长想要的结果。

同样，用询问的方式沟通通常也无法达到家长的目的，比如问孩子"你可以帮妈妈收拾玩具吗？"孩子不想收拾时，就会很直接地拒绝"不可以"，毕竟回答一个"不"，要比收拾玩具简单多了。

所以，当我们希望孩子改正或是按照我们的要求去做时，要注意不要使用容易被孩子拒绝的方式跟孩子沟通，像这种乞求的，还有询问的方式，都不是最好的方式。最好的方式就是用尊重的态度、坚定的语气，在保证与孩子有眼神交流的情况下，直接对他说："请现在立刻去把玩具收起来。"

需要注意的是在整个过程当中，我们都需要控制好自己的情绪，不要因为孩子没有按照我们的要求去做，就立刻改变了态度，开始居高临下地命令孩子，让孩子产生极大的压迫感并不是一件好事。我们只需要让孩子明白：妈妈希望你这样做，并且在等着你这样做。

❯ 一次只讲一件事

有时候孩子对我们的要求不回应，并不是他们不想回应，而是他们不知道该怎么回应。原因出在我们给孩子提要求时，没将指令说得既简单又直接。

比如，孩子将家里弄得很乱，玩具扔得到处都是，水杯放在了沙发上，书本被放在了地上，这个时候我们就希望孩子将所有的东西全部放回最初的位置，于是就会要求孩子"将玩具放到玩具筐里，将水杯放到桌子上，将书本放到书架上"。当这一系列的要求说出来的时候，孩子就已经接近"崩溃"的边缘了，他会忍不住想哭，觉得妈妈给他布置的任务太多了，一来他不知道自己该先做什么；二来他觉得要做的事情太多，会占用他很多时间。

即便孩子没有反抗，直接按照我们说的去做了，那么在众多的事情当中，他们也很容易分心，被某件事情吸引，从而做不完所有的事情。

所以，在我们想要他们做一些事情时，切忌一次性都说完，而是要分开次数，一次只说一件事。然后让孩子完成一件事情后要告诉我们，我们检查过后，对孩子提出表扬，再要求孩子去做下一件事情。

对于孩子而言，做一件事情要比同时做很多件事情简单得多，因此他们不会产生太大的抵触情绪，而且每做完一件事都会让他们产生成就感，从而更有动力去做下一件事情。

⊙ 等有了结果再离开

很多时候，家长提出了要求，孩子也按照要求去做了，但最后的结果却差强人意，原因就在于家长没能"坚持到最后"，看到孩子开始去做了，便离开去做自己的事情了。而孩子在无人监管的情况下，就很容产生怠慢的心理，凑合着完成任务，甚至会直接"罢工"。

因此，在给孩子提出要求后，我们不要去做任何事情，先站在一边安静地看着孩子。在我们的注视下，如果孩子没有按我们的要求做，我们不必着急上火，也不用再强调什么，就摆出一副"不打算离开"的态度，用这种无声的言语给孩子一种"压迫感"，让孩子觉得"不做不可以"。一般情况下，孩子都会在这种无形的压力下立刻开始行动。

2. 及时奖励更有利于执行规矩

记得我小姑在提到自己的童年时，说过这样一句话："从小我就特别自卑，从来不觉得自己长得漂亮，也不觉得自己有多优秀，因为我父母从来没有夸奖过我。"

听到这话的我还是挺诧异的，因为小姑不但样貌好，而且还十分有才华，她不管是跳舞还是画画，都比同龄人强。

只是那个时候的父母，奉行的是"打压式"的教育，他们怕夸奖多了，孩子会骄傲自满，所以即便自家的孩子很优秀，也从不夸奖，即便外人提起来，也会谦虚地说："哪里哪里，还差得远呢！"

即便到了现在，也有很多父母在这样教育着孩子。孩子考了第三名，父母说："第三名有什么了不起的，又不是第一名。"等孩子考了第一名，又会说："不要骄傲，次次都得第一才是真的厉害。"

孩子在这样的"打击"教育下，会变成什么样呢？往往会出现两种结果：一种是十分自卑，认为自己处处不如别人，什么都不敢争取，哪怕自己明明可以做到；一种是极度争强好胜，无法忍受自己不如别人，凡事一定要争第一、得最好。

我们自然不希望自己的孩子出现这两种极端情况，所以我们要学会去肯定孩子取得的成绩。有一位儿童教育专家说："好孩子是夸出来的。"我们要懂得肯定孩子，这样孩子才能越来越好。

　　我曾经在网上看到过一个让人感到十分高兴的新闻：

　　孩子因为期末考试成绩优秀，被妈妈奖励自由购物30秒钟，在这30秒钟里，他可以不受任何限制地在超市的零食区买他想要的东西，妈妈则在一旁负责计时。

　　计时器按下后，孩子像一阵旋风般在零食区扫荡起来，30秒钟一到，他已经装了满满一购物车的东西，孩子兴高采烈地推着购物车跟着妈妈去结账，那快乐的神情是无论如何也装不出来的，而且相信他很久以后想起这一刻，内心仍旧是愉悦的。

　　当时女儿跟我一起看的这个视频，看过之后，她一脸羡慕地说："妈妈，等我上学了，考了100分，你能不能也这样奖励我？"

　　我笑着说："如果到时候你不改变主意的话，我想可以满足你这个愿望。"

　　女儿听了，立即欢快地跑开了。

　　当孩子通过自己的努力完成一件有意义的事情时，孩子的内心是充满了喜悦的，因为他们通过自己的行为证明了自己，并从中获得了极大的信心。这个时候，我们要做的不是怕孩子骄傲、给孩子泼冷水，而是及时地给予孩子奖励。在给孩子立规矩时也应如此，我们要及时给孩子奖励，这是保证孩子能够执行规矩的有力保障。

　　那么，在具体的实施过程当中，我们该如何建立奖励制度呢？

◈ 及时对孩子进行奖励

当孩子很好地执行了规矩，或是很好地完成我们的要求，我们就要立刻对孩子进行奖励，这样可以让孩子明白他们以后也应该这样做。而不是等到过了很久，忽然想起才对孩子进行奖励，这样奖励的效果会大打折扣。

其实，孩子在做好一件事情时，或是他们完成了父母交给的任务时，他们的内心是期待着得到父母的肯定的。如果没有立即得到父母的肯定，孩子就会感到失落，甚至产生"我做好了，妈妈也看不到"的想法，这不利于他们将良好的行为持续下去。

所以，我们千万不要吝啬对孩子的奖励。同时，奖励孩子的语言要具体，类似于"真听话""好乖啊""真棒"这样的词语就属于不够具体的类型，具体的奖励语言要能够明确地说出来孩子哪里做得好、哪里做得棒。比如，当孩子按照我们的要求，将玩具收拾干净后，我们就可以说："做得好，妈妈只说了一遍，你就将玩具收拾干净了。"

这样孩子就知道自己下一次努力的方向是什么，即：父母说一遍，自己就要赶紧去做，这样就能得到父母的夸奖和肯定。

◈ 精神奖励为主，物质奖励为辅

一说到奖励，家长们头脑中的第一反应就是"花钱"，要么买玩具，要么去游乐场，不花钱似乎就无法谈"奖励"。实际上，奖励并不仅仅指给孩子买玩具、送礼物这样的物质奖励，精神上的奖励也是奖励，而且有时候比物质奖励更加管用。

所谓的精神奖励，就是口头上对孩子进行奖励。如果觉得孩子做得实在太好了，仅仅是夸一句"你真棒"不足以表达我们对孩子的肯定之情，那么还可以将口头的奖励变成行动上的奖励，比如亲亲孩子、抱抱孩子，或是特意抽出一段时间来，全心全意地陪孩子疯玩一次。

那么，物质奖励的方式究竟可不可以用呢？当然可以，偶尔用一次，并不会造成多大的影响，反而还会给孩子带来一次惊喜的感受。但是，如果经常用物质奖励的方式对待孩子，那么孩子就会过分依赖奖励，造成不奖励就不愿意去做的情况，使教育变成了一场"交易"。所以，对孩子的奖励要多使用精神上的奖励，物质奖励偶尔出现就好。

＞ 一定要兑现奖励

奖励的方式有很多种，有一些奖励是需要父母付诸行动的。比如，我们答应孩子，如果规矩执行得好，就带他们去野外郊游，那么当孩子真的做到以后，我们就要立即去兑现自己的承诺。

大人可能觉得孩子还小，记性也不好，没有必要答应孩子的每件事情都办到。这样偶尔一两次的失信，可能不会造成太大的问题，但是如果父母经常给孩子开"空头支票"，那么父母的信用度就会在孩子心中大打折扣。更严重的是，还会给孩子造成心理创伤，到了孩子青春期的时候，亲子之间的沟通就容易出现裂缝，因为孩子对父母缺乏信任，导致他们不愿意跟父母交心。

曾经有家长跟我说："我在我们家孩子身上看不到一丝优点，学习成绩不行，爱好特长也没有，嘴巴不甜也不会哄人，哪都不如别人家的孩子。"其实，并不是孩子没有优点，而是父母的眼光太过于挑剔，从而忽略了孩子身上的那些闪光点。

对于孩子，我们要像在"鸡蛋里挑骨头"那样，去发现他们身上的闪光点，然后肯定他们。哪怕孩子的进步十分小，我们也要及时认可他们。当孩子知道自己的每一个优点、每一次进步都会被看到时，他们就会有更大的动力去做得更好。

当我们所有的肯定都是基于现实时，孩子是可以感受到来自父母的肯定与支持的，然后他们会将父母对他们的肯定与支持转化为内在的动力，继续努力向前。

3. 制定规矩最忌朝令夕改

女儿刚满 3 岁的时候，我就将她送进了幼儿园。那是一所刚刚成立的幼儿园，春招的时候生源不太多，一个小班里只有六七个孩子，一个主班老师和一个副班老师，还有一个保育员，所以老师看管起来比较轻松。

每天中午，若是有小朋友不愿意睡午觉，老师就会陪着这些小朋友并给他们讲故事，或是到外面观察一下景物。到了秋天招生的时候，一下子多了不少学生，从一开始的不到十人变成了二十多人。因为学生多了，所以老师便要求集体午睡，即便是不想睡觉的小朋友，也必须安安静静地躺在床上。

对此，女儿十分不满，回来不止一次地问我："为什么以前可以出去玩，现在就不可以了呢？"

学校根据实际情况去调整教学方式，这本是很正常的事情，但是对于孩子而言，学校"朝令夕改"让他们十分不解，并且对新定下的规矩产生了排斥的心理，不愿意去遵守。

给孩子定规矩，最忌讳的就是"朝令夕改"。虽然这是发生在幼儿园的事情，但是在家庭教育中也同样要注意。幼儿园更改规矩，是因为被现实所迫，而家庭教育中更改规矩，多半是因为家长不能坚持贯彻。

在现实生活中，我们经常会遇到这样的场景：孩子喜欢吃糖，即便已经给孩子规定了"每天只能吃一颗"的规矩，但只要孩子一哭闹，家长就赶紧拿出糖来安抚孩子，只要孩子不哭了，多吃几颗也没关系；孩子喜欢看动画片，明明规定好了"只能看40分钟"，但是只要孩子一哀求，家长就心软，放宽了时间的限制……

所谓规矩，就是具有一定的标准，需要老老实实去执行的准则。如果父母只凭着自己的主观意志办事，今天高兴了就放宽要求，明天生气了就严格要求，那这还能称之为规矩吗？还能怪孩子不愿意去遵守规矩吗？

规矩，就像是公司里的规章制度一样，一旦确立了，就不要随意改动，否则孩子就会轻视规矩。给孩子定规矩不同于我们给孩子讲算术题，这道题弄明白了，就可以讲下一道题；也不同于给孩子讲道理，一件事做错了讲完道理就不用再讲了。定规矩需要坚持，只有持之以恒，才能看到教育的成果。

那么，在定规矩的过程中，我们该怎么做才能避免规矩"朝令夕改"呢？

> 给孩子适应规矩的时间

孩子从接受规矩到能够真正地执行规矩，需要有一个适应规矩的过程，不要寄希望于只说一两次，孩子就能够很好地遵守规矩。在他们还无法适应规矩的时候，可能会出现抵触规矩的情况。所以在规矩定下后，若是孩子一时半会儿无法做到，我们也不要急着去改变规矩，甚至是直接放弃这个规矩。

多一些耐心，也多给孩子一些消化和理解的时间，让孩子对我们更理解，对规矩更理解，他们就会尝试着努力去控制自己的行为，从而越做越好。

> 跟全家人明确规矩

有的时候，规矩是妈妈给孩子定下的，所以规矩就只有妈妈和孩子两个人知晓。因此，孩子到了爷爷奶奶家时，规矩就面临着被"破坏"的危险，一来老人不知道孩子需要遵守哪些规矩；二来老人一般都比较宠溺孩子，无法抗拒孩子的"一哭二闹"。

所以，这就需要我们在定好规矩后，郑重其事地在家里宣布这个规矩，并且私下里跟家里的其他成员沟通后，请大家一起配合。毕竟我们给孩子订立规矩，是为了孩子能够更好地成长，如果真正地爱孩子，就应该能够做到共同帮助孩子遵守规矩。

> 给予孩子修改规矩的参与权

当我们确定要修改已经制定好的规矩时，请给孩子参与权，不要自己想怎么改就怎么改，孩子的意见和看法同样重要，我们需要跟孩子进行沟通，了解他们真实的感受和需求。毕竟规则的改变是一个重新找到大家都能接受、理解和认同的新的行为规范的过程，让孩子参与进来，有助于加强孩子对规矩的理解。

给孩子参与权，能够让孩子感受到来自父母的尊重，同时他们也会感受到规矩的内容与自己息息相关，并且融入了自己意见的新规矩，想必在执行起来时，也会更加有积极性。

4. 用"面壁思过"应对孩子的吵闹

在给孩子定规矩的过程中，我与女儿发生过不少"正面冲突"。有一次，女儿的同学来我家玩，两个人一见面就拉着手到卧室里玩去了。大约一个多小时后，女儿的同学被其父母接走了。我打开房门打算叫女儿出来吃饭，结果发现她的房间里就像被"打劫"过一般，衣服和被子被扔在地上，书本被扔在床上，还有一双拖鞋被放在了书架上……

"妈妈，我们玩了'时空转移'的游戏，你看所有东西都变了位置。"女儿兴奋地向我介绍道。

我很赞赏她们的游戏创造能力，但是玩归玩，玩过之后要将房间恢复成原样，这是我们早就立下的规矩。于是我提醒她说："你需要把你的房间收拾好哦！"

"可是我现在饿了。"她说。

"那就先吃饭。"我说。

可是吃过饭后，女儿却看起了动画片，不愿意起身去收拾房间，我反复提醒了很多次后，她总是推说："我看完就去收拾。"

就这样，我又等了她将近一小时的时间，直到她看电视的时间结束，她才慢悠悠地走进了自己的卧室。以往收拾房间，都是一些"小场面"，她几乎不费什么力气，就能将房间恢复成原样，但这一次收拾了半个多小时，房子里还是乱糟糟的。

"妈妈，我不想收拾了。"女儿带着哭腔说。

"不可以。"我直接拒绝了她的请求。

女儿一听，便"哇"的一声大哭了起来。

"我们早就说好了，房间弄乱了，要自己收拾，对不对？"我好言好语地开导她。

"我不要，我不想收拾了。"女儿一屁股坐在地上，边哭边说道。

我知道，在这个时候跟她说任何道理，她都听不进去了，于是便对她说："你先冷静一下，五分钟之后，我们再来谈这件事。"

说完，我就来到了客厅，等待着她的结果。一开始她很不服气，对着墙又踢又打，我就当没看见，不予理睬。过了一会儿，她停止了动作，但依旧抽抽搭搭地哭着。又过了一会儿，她不哭了，问我："妈妈，五分钟到了吗？"

我回答她说："还没到，但是如果你想好了，可以过来，我们再谈一谈。"

女儿没有立即过来，又站在原地想了一会儿，她才说道："妈妈，我想好了。我弄乱的房间我应该收拾，可是我太累了，而且总是收拾不干净……"

"你有这样的体会很好，希望下一次你做出某些行为之前，先想一想，自己能否承担这个后果。至于这一次，妈妈愿意帮你一起收拾，但是下不为例哦！"

听了我的话，女儿擦干净眼泪，点了点头，继续认真地收拾起房间来。

很多时候，我们制定的规矩无法进行下去，除了本书之前提到过的一些观点外，还有一点就是家长无法应对孩子的哭闹，俗话说："会哭的孩子有糖吃。"如果孩子是一把哭的好手，那么一些意志力不够顽强，或是缺少应对方法的家长，常常会"缴械投降"，任由孩子破坏规矩。

我应对如此发脾气的孩子时，最常用的方法就是"面壁思过"。"面壁思过"这个词很好理解，就是让孩子对着墙壁好好反思一下。那么，我们在具体实施的时候，该怎么做呢？

❯ 选择合适的"思过"地点

让孩子站在哪里"面壁思过"，是我们需要认真考量的问题，可不是随便哪一堵墙都行的。

首先，这个地方必须离开孩子的日常活动区域，因为如果环境中有太多能够刺激到孩子的物品，如玩具、电视……孩子就无法专注于"思过"，他们很可能一会儿工夫就开始跟我们聊天，或是看电视，或是玩玩具了。

其次，这个地方要安全。因为去面壁思过的孩子，往往都带着强烈的情绪，他们很可能会做出一些踢踢打打的行为，如果我们将他们安置在一面镜子前，那么很可能会发生危险。

最好的地点，就是家里走廊、过道、父母的卧室、家里的活动室，或是客厅里开辟出来的小角落等。如果实在没有这些地点可以选，那么也可以在家里的浴室里。不过在此之前，要先将浴室里危险的东西放到孩子够不到的地方。

＞不要过分关注孩子

孩子面壁思过的时候，家长最好不要陪在身边，因为我们跟孩子之间刚刚发生过矛盾，站在一起很容易继续争执不休，所以面壁思过的地方只留孩子一人就可以。这个过程当中，我们要时不时地看一眼孩子，避免他们做出危险的行为，只要他们的行为不会对自己造成伤害，我们都可以采取置之不理的态度。

有些孩子在短暂地冷静之后，可能会想着法子跟父母说话，有的孩子为了不再面壁思过，可能还找出要上卫生间这样的借口。这个时候，我们一定要把持住自己，不要理会他们，也不要跟他们有眼神的接触。除非必须回答的问题，其他的问题一律不予回答，否则很容易让孩子因此而转移话题，或者再次绕到原来的问题上。

＞保持"面壁"时间充裕

如果是第一次让孩子面壁思过，就要事先留出充足的时间。因为第一次面对面壁思过的孩子，往往反应都会十分强烈，不断地试探我们是不是真的打算让他们这样做。所以，我们需要有一个十分清闲的时间，没有任何人干扰，也不会急着出门，抱着"你若不照做，就死磕到底"的态度进行这件事。

至于每一次面壁思过的时间具体要多久，通常根据孩子的年龄来制定。通常越小的孩子，时间就越短，只需要几分钟的时间就可以。年龄稍大一些的孩子，就可以适当延长。同时，也要根据具体的时间，以及孩子每一次思过后的表现来确定时间。如果孩子情绪一直很激动，久久无法平静下来，那就需要多一点儿的时间；如果孩子会很快反思自己的错误，那么就可以适当缩短时间。

5. 执行有困难，规矩需调整

有一次，女儿将玩具一股脑全都倒了出来，我对她说："你一会儿玩完要收拾哦。"

"好。"女儿很痛快地答应了下来。

可是当我们要出门时，女儿还坐在玩具堆里玩着，我叫了她几次后，她才不情不愿地站了起来准备跟我出门，可是玩具还是乱七八糟地摊在地上。我便命令女儿道："去把玩具收拾了。"

"我一会儿回来还要玩。"女儿说。

"那就一会儿再拿出来。"我不打算给她逃避的机会。

"我都摆好了，回来就摆不好了。"女儿有些着急地说。

"那也不行，我们要说到做到，说好了玩完了玩具要收拾好，就要收拾好。"我耐着性子跟女儿说，说完便坐在了沙发上，等着她收拾。

女儿见原本已经准备好要出门的我，又坐了下来，顿时急了，拉着我的手说："走，走，走，出去，出去。"

"你收拾完我们就出去。"我坚持着说道。

"我饿了，我要出去吃饭！"女儿见拉我不动，便坐在地上，扯着嗓子哭了起来。

看到女儿不讲理的样子，我也有些生气了，说道："那你饿了，更应该赶紧把玩具收拾好，这样才能赶紧出去呀！"

"不要，不要，我不要！我就要现在出去吃饭！"女儿边哭边拍打着地面，把地上的玩具拍打得到处都是。

见此情景的我立刻火冒三丈，把女儿从地上拎起来，强行命令她站好，呵斥道："说！为什么把玩具打乱？"

女儿已经哭得上气不接下气，哪里还有力气回答我，我们就这样僵持了十多分钟，其间她一直一边哭一边喊"饿"，而我却一点儿办法也没有，最终只能选择妥协，先带她出去吃了饭。

奇怪的是，吃完饭回家后，女儿倒是主动把玩具收拾好了。她跟我说："妈妈，我刚才太饿了，没有力气收拾玩具了，我现在吃饱了，就有力气了。"

说来说去，倒成了我的错误了。不过，事后我仔细回忆了整个过程，发现自己确实有做得不对的地方。首先，家庭计划有变化，我并没有事先与孩子说，自己说出门就出门，完全没有给孩子心理准备时间，在她还沉浸在游戏之中时，就提出要出门，让她将玩具收拾起来，完全没有给孩子"缓冲"的时间。如此一来，孩子做出反抗的表现，倒也情有可原。

我们在前面提到规矩定下了就不可以随意更改，但俗话说："规矩是死的，人是活的。"规矩不可以随意更改，并不代表不可以更改。所谓随意更改，指的是不能只为了维护哪一方的单方面感受和需求被打破，如果只是为了给父母行方便，或是自己禁不住孩子的哭闹，就会让孩子觉得规矩不具备约束力，从而无法对规矩内容重视起来。

但是更改规矩，却是为了让孩子更好地遵守规矩。在前面的内容中，我们曾经提到规矩的制定要符合孩子的成长特点和性格特点。如果我们制定的规矩恰恰违背了这两点，那么固执地坚持下去，只会令情况更糟糕。因此，面对这种情况，父母就可以根据孩子的实际情况对规矩做出一定的调整，并且对孩子说明调整的原因。

⊙ 留出弹性时间，应对突发状况

常言道："计划赶不上变化。"虽然我们通常会对什么时间做什么事情进行事先安排，但是也难免会出现突发状况。这就要求我们在做计划安排时，适当地留出一些弹性时间去处理突发状况。尽量不要想到什么就立刻去做，这样孩子的大脑可能会无法在短时间内做出转变，引发他们对规矩的反抗情绪。

更好的做法是，提前告诉孩子："我们今天中午要出去吃饭，所以妈妈叫你准备的时候，你就把玩具收拾好，这样才不会浪费时间。"

有了这样的"预警"，孩子在玩的过程中，就会惦记着要出去这件事，有的还会问妈妈："到时间了吗？我还想再玩一会儿可以吗？"这样母子双方都有了一定的心理准备时间，可以更好地安排自己的时间，不会因为变化而被迫改变"计划"。

> 站在孩子的角度，适当选择让步

面对突发事件时，大人有时候都会手忙脚乱，所以我们不能要求孩子立刻就随着突发的状况改变自己的状态。我们要站在孩子的角度去看待一些问题，孩子有时候选择跟父母对着干，原因就在于他们无法理解父母的行为。比如，他们正在玩玩具，我们却叫他们吃饭；他们很想吃饭，我们却要求他们一定要把玩具收拾好才能吃饭……这些与孩子本意相悖的要求，孩子自然不愿意去执行。

我们要根据具体的情况去执行规矩，当孩子不愿意执行规矩时，我们先看看孩子反抗的原因在哪里。类似于这种因为饿，不想收拾玩具的情况，我们就可以选择适当放宽要求，对孩子说："我们可以先吃饭，但是吃过饭后，一定要将玩具收拾好，可以吗？"一般孩子面对父母的让步时，他们也会选择"退一步海阔天空"。

> 重新审视规矩与现实的差别

有时候孩子死活不愿意遵守规矩，不管父母说什么，都采取反抗到底的态度时，我们就要重新审视一下自己定下的规矩了，是不是规矩的本身存在一定的问题？虽然在订立规矩之前，我们都会与孩子商量，然后共同制定下规矩，但这仅仅存在于双方的想象当中，真正实施起来时，想象与现实之间会产生差距。

这个时候，我们依旧坚持按照当初说好的内容去做，那就会令

孩子感到不舒服。不如及时面对现实，将规矩调整得更切合实际情况，这样才更有利于规矩执行下去。

不过需要注意的是，这种情况一定要是原先立的规矩根据客观情况需要调整，不能一遇到孩子不愿意执行规矩，就对规矩进行调整，或者干脆按照孩子说的办，这样规矩就失去了应有的效力。

第五章

孩子良好的修养，靠规矩塑造

《韩非子·解老》云："万物莫不有规矩。"人生在世，与人交往，修身养性，处处离不开规矩。生活中，很多不成文的小规矩，都是一些不起眼的小细节，而恰恰是这些细节，最能反映出一个人的素质和修养，而素质和修养又决定了一个人的生命层次。所以，父母想要孩子成为一个有修养的人，那就要从小给孩子订立相关的规定，通过文化的积累、习惯的养成，让修养逐渐融入孩子的成长中，并成为孩子自身不可分割的一部分。

1.孩子出口成"脏"，父母管教有"方"

对于父母而言，孩子的成长过程总是充满了各种"惊喜"，时而惊吓时而喜悦，孩子有了进步我们自然喜悦，但只要出现了任何偏差，又会让我们紧张焦虑。

一位母亲提供了这样一个例证：记得女儿5岁左右时第一次骂人，这让我焦虑到彻夜难眠。

当时，女儿正在跟小朋友玩耍，不知道为何两个人争执了起来，女儿气不过，对着小朋友骂了一句："你放屁，我不跟你玩了，哼！"说完就气鼓鼓地离开了。

而被骂的小朋友，边哭边找她的妈妈告状，指着女儿离开的方向说："妈妈，她骂人。"虽然小朋友的妈妈嘴上说着："没关系，没关系，童言无忌。"但对方看我的眼神，仍旧让我觉得很丢人，感觉自己养了一个"坏孩子"。回到家后，我第一时间批评了女儿，谁料女儿脾气比我还大，指着我说道："你根本不懂，哼，我不喜欢妈妈了。"

那一夜，我辗转反侧无法入睡，满脑子都是女儿骂人时的样子，我很担心她这么小就骂人，那长大以后该怎么办呢？同时也觉得很丢人，觉得自己的教育方式出了问题。

第二天，女儿似乎不再生气了，我再次提起了她骂人的事情，这一次女儿委屈地跟我说，她骂人是因为她太生气了，她看到电视上的人在生气的时候就会骂人，所以她便跟着学了。

事后，我反思了自己在教育上的疏忽，同时也跟女儿拉钩约定，无论多么生气，也不能再用脏话来表达愤怒了。女儿也很听话，从那以后再也没说过脏话。

这位母亲提供的"例证"很典型，很多父母在遇到孩子说脏话时，其反应无外乎这三种：一种是觉得面子上挂不住，害怕被人质疑家庭教育；一种是过度担心，认为"从小看大"，现在说脏话，以后就会打架斗殴；还有一种是抱着无所谓的心态，认为"童言无忌"，他们只是学着别人的样子来表达自己的愤怒罢了。

其实，孩子说脏话也并不是什么特别严重的问题，但也不能放任不管。那么，我们该如何给孩子制定"不说脏话"的规矩呢？不同年龄的孩子，处理的方式是不一样的。

⊙ 小宝宝说"脏话"，可以选择性忽略

对于正在学话中的小宝宝们，他们可能会受到周围环境的影响而说脏话。当我们第一次听到孩子说脏话时，不要马上发怒，也不要去笑话孩子。因为父母任何过度的反应，都会引起孩子的注意，孩子会认为自己说脏话可以引起父母的关注，那么他们会为了引起父母的关注而再次说脏话。

但如果父母对孩子说脏话的行为并未表现出过度的反应时，孩子则会觉得这个行为没什么意思，转而逐渐减少说脏话，或者干脆不再说脏话。

⊙ 制定规矩，并告诉孩子说脏话的危害

对于年龄已经比较大的孩子来说，说脏话就已经不仅仅是模仿大人，想要引起大人注意的行为了。他们说脏话，往往是为了泄愤，或是表达某种郁闷的心情。这个时候，我们就不能再采取"置之不理"的态度了。

首先，我们要让孩子明白说脏话的危害。有的孩子只知道说脏话可以发泄情绪，却不知道说脏话意味着什么。所以我们有必要让孩子知道，在外人看来，说脏话的孩子就是没有教养的孩子，别人

110

不但会看轻他，还会看轻他的父母，认为他的父母没有教育好他。

其次，脏话也是极具"杀伤力"的语言，对别人说脏话时，会让人感到极度不舒服和愤怒，有时还会影响人与人之间的感情。

最后，当孩子明白了说脏话带来的危害时，我们再给孩子定下"不要说脏话"的规矩，孩子就会很容易接受了。

◎ 当说脏话成为习惯，父母要反思

孩子说脏话的"最高级别"，就是说脏话已经成为孩子的一种习惯，甚至是"口头禅"了。尽管我们已经定下了"不能说脏话"的规矩，但是孩子仍旧无法控制自己的言行。这种情况下，孩子的脏话必定有一个固定的"源头"。不出意外的话，这个"源头"百分之八十都存在于家庭中。

想要孩子改掉说脏话的坏习惯，父母首先要做出改变。当我们无意中对孩子使用了粗鲁的言语时，要及时做出更正，对孩子说："很抱歉，刚刚我不该那样说，请你监督我，提醒我注意和改正。"

当父母开始正视自己身上存在的问题，并且积极地进行改正时，孩子也会从中吸取到力量，逐渐去正视自己说脏话的问题，并努力去克制自己。

◎ 从意识层面，断绝孩子说脏话的念头

当家庭规矩订立起来，父母也做到了言传身教后，我们就可以

着手从孩子的意识层面去断绝孩子说脏话的念头了。

如果说规矩和父母的影响都是"外因"的话，那么孩子的自我意识就是"内因"，只有内外因相结合，才能从根源上杜绝孩子说脏话的行为。

孩子说脏话，其实就是还没有学会如何尊重他人，如何处理与他人之间的关系。当一个孩子真的发自内心地明白，人与人之间可以存在不同的思想、言语和行为，除了相互诋毁外，也可以相互尊重；除了针锋相对外，也可以退一步海阔天空。这样，孩子就能够做到当与别人发生争执时，至少脱口而出的不会是脏话。

然后，我们还要教会孩子，如何用更加友好的方式说话，如何在不伤害他人自尊的情况下，有理有据地表达自己的观点。

2.孩子丢下的是纸屑，掉下的是教养

我们隔壁的小区，因为紧邻着学校，所以在小区里有很多接送站。接送站多，孩子就多，制造的垃圾也就越多。孩子们放了学路过小卖店，总要走进去买一点儿零食吃，吃过零食的包装袋，就随手扔在地上，哪怕旁边就有垃圾桶，他们也不愿意多走那两步路。

因为卫生条件差，业主和物业公司多次爆发争执，一个说物业

公司不作为，一个抱怨业主素质低，各执一词，互不相让。

我在去朋友家串门的时候，碰巧碰到了这样一个小学生，直接把雪糕的包装袋扔在了地上，我上前问他："你怎么随便乱扔垃圾呀？"

那个小孩子舔了一口雪糕说："又不是我们家。"

"不是你们家就可以随便乱丢垃圾吗？"我问道。

"对啊，我妈就总这样做。"孩子满不在乎地说道。

还真的是每一个熊孩子的背后，都站着一个熊家长呀！但无奈的是，这样的事情经常发生在我们身边。

有的家长在家里要求孩子不许随地乱丢垃圾，但是自己到了外面，却经常随手乱丢垃圾。有的家长，说孩子一套，自己却做着另一套。我就曾在马路边见过这样一幕：一个小姑娘将擤完鼻涕的卫生纸随手丢在了地上，孩子的爸爸说："不许随地乱丢垃圾，去捡起来扔到垃圾桶。"说这话的时候，孩子爸爸一边嗑瓜子一边将瓜子皮吐在地上。孩子看了一眼爸爸，不情愿地将纸捡了起来，狠狠地扔进了垃圾桶。

还有的父母会管教孩子，却不愿意亲身做示范。有一次，我看到一个小孩子边跑边吃干脆面，结果没拿稳，干脆面撒了一地，孩子的妈妈追上来，一把打在孩子的手上说："你看，你看，撒了一地不是？一点儿也不爱护公共卫生。"说完，用脚将地上的干脆面划拉到一边，领着孩子离开了。

随手丢垃圾这样的事情，说起来很小，但是从孩子将垃圾丢在地上的那一刻起，孩子的教养也随之掉在了地上。更重要的是，这不仅仅关系到孩子的教养问题，还关系到整个大自然的环境问题。

所以，我们不光是要告诉孩子爱护环境，更要让孩子真真切切地做到爱护环境，不随地乱丢垃圾。那么，我们该怎么给孩子制定"爱护环境"的规矩呢？

＞ 做出表率，而不是仅仅制止

父母是孩子最好的老师，孩子的大部分行为都是跟父母学来的。当我们看到孩子随手乱丢垃圾时，一方面要及时制止孩子的行为，要求他们捡起来扔到垃圾桶里；另一方面，我们也要做到不乱丢垃圾，而且在孩子不愿意将垃圾捡起来时，我们要将孩子丢掉的

垃圾捡起来，并扔进垃圾桶里，用实际行动告诉孩子该怎么做。

另外，我们还可以学着废物利用，让一些废旧的物品重新焕发出生机。让孩子明白，废品不是只有"扔"一种选择，还可以做很多事情，这样也可以大大减少他们乱丢垃圾的行为。

> 让孩子参与到家务中来

家庭，是礼貌最好的启蒙地。一个孩子，如果在家都有规则意识，外出时自然而然也会执行礼节、遵守规矩。

同样，一个在家里会随地乱丢垃圾的孩子，在外就更做不到爱护环境了。所以，这个规矩还是要在家里开始培养，最好的办法就是让孩子参与到家务当中来。孩子不懂得爱护环境，很大程度上是因为他们没有体会到劳动的辛苦，如果孩子体会到了，那他下一次再想乱丢垃圾时，就会想一想别人为了收拾干净，要花费多大的力气。如果是他自己的劳动成果，那么他就会更加积极地去维护卫生。

一般当孩子到了 3 岁左右时，就可以帮助父母做一些简单的家务了，像擦擦桌子、拿东西等。等孩子再稍微大点，我们就可以教给孩子如何扫地了。让孩子有所付出，他们才会有所珍惜。

> 多带孩子参加公益活动

让孩子理解某件事情的最好方式，就是让他们沉浸在其中。记得我们小时候，很喜欢把吃完的泡泡糖随便乱粘。有一次，老师把我们带到街上，每组划分了一片区域，要求我们将那一片区域打扫干净，墙上的小广告要刮干净，地面也要清扫干净。

那一天，我不记得自己处理了多少块泡泡糖了，只记得粘在物体上的泡泡糖太难清理了，要用小刀一点儿一点儿地刮，才能处理干净。从那以后，我吃过的泡泡糖就绝不会再被随便扔在地上。

同样的道理，如果所在的城市有类似的环保活动，我们就可以带着孩子一起去参加，让孩子动手捡捡垃圾，孩子就可以从中体会到他人工作的不易，进而学会从行为上约束自己。同时，让孩子通过公益活动，置身于大自然之中，感受一草一木对于生活的重要性，也会让他们对环保理解得更加深刻。

3. 让孩子做自己情绪的"小主人"

小孩子比较情绪化，高兴了就笑，生气了就哭。但若是孩子生气了，却不允许孩子发脾气，对于孩子而言，可不是一件简单的事情，毕竟不计后果地发脾气，是小孩子的"专利"。但有些人因为小时候没有约束，所以长大以后仍不能控制自己的情绪。一个不能控制自己情绪的人，生活会有多糟糕呢？从那次震惊全国的"公交车事故"中就能够看出来。

2018 年 10 月 28 日，在一辆正常行驶的公交车上，一名妇女坐过了站，要求司机立即停车让她下车，但是公交车哪能说停就停呢？司机拒绝了这名女乘客的要求，随后这名女乘客大声辱骂起司机来，司机气不过，便与女乘客争吵了几句。

女乘客随即上前殴打司机，司机被逼还手，就这样一辆载着15人的公交车，因为一场2秒钟的打斗坠入了江中，车上无一人生还。

如果这个故事中的两个人，都能够稍微控制一下自己的情绪，也许这场悲剧就不会发生。拿破仑曾说："能控制好自己情绪的人，比能拿下一座城池的将军更伟大。"我们若是任由孩子由着自己的性子来，那么孩子长大后也会是一个情绪化的人，所以我们要在孩子还小时，就给孩子立下"不乱发脾气"的规矩，教会孩子控制自己的情绪，成为情绪的主人。

注意，我们这里说的是让孩子控制自己的情绪，而不是让孩子压抑自己的情绪。这二者之间有什么区别呢？让孩子控制自己的情绪，是在孩子想哭的时候允许孩子哭，但同时告诉孩子哭不是解决问题的唯一方式，解决问题的方式还有很多种。这样孩子再一次遇到相同的事情时，就会选择更温和的方式来表达自己的情绪。而让孩子压抑自己的情绪，则是在孩子想哭的时候，对孩子说："哭什么哭，不许哭。"

　　不单单是孩子，包括大人在内，如果长期压抑自己的情绪，除了会产生严重的心理问题外，对控制情绪起不到任何积极的作用。所以，我们要求孩子控制情绪的前提条件，是首先要允许孩子发泄自己的情绪，其次教会孩子正确宣泄情绪的方式，最后再要求孩子不要乱发脾气。

　　那么，在具体制定规矩的过程当中，我们该怎么去做呢？

❯ 营造和谐的家庭环境

　　一个脾气暴躁、动不动就生气的孩子，有百分之八十的可能性是出生在一个父母脾气暴躁的家庭中。若是夫妻之间一言不合就争吵，说不了几句话就动手，那么孩子在这样的环境影响下，性格会变得十分极端。他们会在父母面前表现得乖巧温顺，希望通过讨好的方式让父母注意到自己。但是在他们内心的深处，他们又是暴躁的，他们会将这种暴躁的情绪宣泄在更弱小的人或是动物的身上。当他们再长大一些时，性格的缺陷就会不加掩饰地展露出来。

父母除了给孩子做错误的示范，还溺爱孩子。只要孩子一发脾气，父母就立刻听从孩子的指令，那么在孩子身上就会形成条件反射：刺激——反应，孩子哭闹——父母满足需求，从学习到强化，每一个步骤都会让孩子宣泄情绪的方式变得更加歇斯底里。

因此，我们想要孩子性格温和，不乱发脾气，那么家长首先要做到控制自己的情绪，在问题面前保持冷静，选择更温和的方式去解决问题，先从根源上切断孩子成为暴躁宝宝的可能性。

⊙ 跟孩子一起认识情绪

兵书上说"知己知彼，百战不殆"。同样的道理，想要孩子战胜情绪，成为自己情绪的小主人，那孩子就先要了解各种各样的情绪。

孩子通常都不知道掩饰自己的情绪，喜怒哀乐都会写在脸上，但是他们并不知道这些情绪是什么样的。这时我们可以通过一些绘本故事，让孩子通过图画和故事的形式，对各种情绪进行了解。了解过之后，孩子才会知道，原来高兴的时候会哈哈大笑，而生气的时候表情则会变得很狰狞，很不友好，让人看了心情沉闷。

同时，家长也要借着孩子有情绪的时候，认识孩子的情绪，比如孩子每次生气都是因为什么，了解孩子情绪的来源，才能为我们之后寻找缓解孩子情绪的方式提供方便。

⊙ 引导孩子正确表达情绪

当孩子认识了情绪后，我们就可以告诉孩子如何去缓解和应对情绪了。这一步不能在孩子情绪来临时进行，因为那个时候的孩子正处在情绪旋涡中，父母说的话他们很有可能都听不进去。最好的方式是通过一些情景演练，让孩子置身于各种会引发情绪激动的场景中，然后通过"提问——回答——引导"的方式，让孩子学习怎样去控制情绪。

比如，我们假设"冰激凌掉在地上了"这样一个情景，然后问孩子的感受，孩子通常都会说："我会很伤心。"这时候我们就可以告诉孩子，伤心的时候除了可以哭，还可以将自己的伤心告诉妈妈，妈妈会想办法帮助他一起解决。与"哭"相比，"告诉妈妈"更加有利于问题的解决。

另外，在孩子表达情绪的过程中，我们不要打断孩子，让孩子努力地去表达自己，即便他们表达起来很困难，但这个过程，除了他们自己以外，我们谁也替代不了。只有孩子自己学会了如何正确表达情绪，才能逐渐学会掌控自己的情绪。

4.遵守公共秩序，讲究先来后到

之前在网上看到这样一个帖子，发帖人是一个妈妈。

这个妈妈带着孩子在儿童乐园玩，孩子很想玩秋千，但是当时正有孩子在上面玩，妈妈就带着孩子站在旁边排队等待。等了很久，秋千上的小朋友也没有要下来的意思，孩子的妈妈还配合着孩子越荡越高。此时，来排队玩秋千的小朋友越来越多，他们都在等着这个小朋友下来后自己上去玩。

最后，这个妈妈问："如果你们碰到了这种情况会怎么做呢？会让给下一个小朋友玩吗？"

一个简单的问题，一个常见的场景，一下子引起了网友们的热议。有的网友说："换作我就不会让，凭什么让人家的小孩高兴、自己家的小孩难受呢？"

也有网友说："游乐场是公共的区域，理应相互谦让。"

还有的网友说："她让不让是她的事，这你管不着，你要想玩第二天就早点去，占上了就别下来。"

后来这个妈妈就听从了第三种意见，第二天她早早带着孩子到了秋千旁，打算让孩子玩个尽兴。期间也有小朋友过来问："阿姨，我可以玩一会儿吗？"这个妈妈都婉言拒绝了，一直到自家孩子玩腻了，主动从秋千上下来，别的小朋友才有机会坐上去。

这个妈妈原本还体会到了"报复"的快感，直到她看到两个小朋友因为玩秋千争执起来，一个说："我都排了很久的队了，该我玩了。"另一个说："我刚才还排了很久的队呢，别人都不让给我，我凭什么让给你。"

孩子的话，让这个妈妈心中那点"报复"的快感瞬间荡然无存，最后她在帖子里说："我好像做错了。"

这让我想起了之前看到的一条新闻：有个企业家资助儿童200万元，富人做慈善本不是什么新鲜事，新鲜的是他资助这笔款项的理由。

　　之前他在机场，看到一群戴着帽子，穿得整整齐齐的小孩去参加舞蹈比赛。在搭乘自动扶梯时，小朋友们排好队耐心地等待，让他先行。因为在孩子们的眼中，他是长辈，是老人，理应让老人先行。

　　孩子们的这一举动，让他十分感动。回去后，他就给这些小朋友资助了200万元，作为此次旅行的经费，仅仅是因为这群小学生能够在乘坐电梯时，守规矩懂礼貌。

我们可以想一下，一个从小就被妈妈教育"这是你先占上的，你不用让给别人"的孩子，长大以后会是什么样呢？会成为一个愿意安静等候为老爷爷让路的人吗？

孩子在公共场所表现出来的行为，反映出的是一个家庭的教育水平，甚至是父母的修养问题。那么，我们该如何给孩子订立遵守公共秩序的规矩呢？

◉ 先从家里建立起秩序

在给孩子定规矩前，我们要先给孩子的头脑中灌输"公共秩序"的概念。社会是一个整体，我们每个人都不可能脱离社会独立而活，孩子最终也要走向社会，并且融入社会，那么就应该遵守社会的法则，以维护社会稳定发展。

对于孩子而言，最基本的社会法则之一就是"排队"。大多数孩子上了幼儿园后，就会立刻接触到"排队"的概念，但是我们不能将希望寄托在幼儿园中，毕竟有的孩子在幼儿园可以很听话，但出了幼儿园就是另一番表现了。

所以我们在家里也要建立起"排队"的秩序，比如吃饭前全家人都要洗手，这个时候就可以规定"先来后到"，而不是孩子最小，就让他先洗。尤其对于孩子多的家庭而言，建立起"秩序"，对平衡孩子之间的关系也大有帮助。

⊙ 严于律己，宽以待人

在我们给孩子定下"遵守公共秩序"的规矩时，往往会遇到这样的情况，就是自己的孩子可以很好地遵守公共秩序，但是别人家的孩子却无法遵守。比如，当我们带着孩子排队等待时，其他的小孩做出了插队的行为，这个时候，孩子就会问我们："为什么他可以不排队，我们却要排队呢？"

在孩子的意识里，父母是他们模仿学习的对象，身边的其他小朋友也是他们模仿学习的对象。针对这个问题，我们可以从三个方面来疏导孩子。

首先，从公平公正的角度去说。这个世界上存在着一些不够公平公正的现象，但我们要严格要求自己，约束自己的行为，努力去维护这个社会的公平与公正。

其次，从遵守秩序的角度去说。我们遵守规则，是为了不给他人带去困扰，同时也是保护自己的一种方式。如果人人都随意插队，那么队伍就乱了，最后受到影响的人还是自己。

最后，从人生的角度去说。人和人成长的环境不同，受教育的程度不同，导致人与人之间的行为也会产生一些差异。不同的行为会给自己带来不同的影响，插队的人，会受到他人的指责，而遵守规则的人，会受到他人的尊重。所以，我们要努力做一个遵守规则的人。

⊙ 教会孩子维护自己的合法权益

很多家长教孩子去"争"去"抢"，其根本原因在于害怕孩子受委屈，就拿排队这件事情来说，我们的孩子老老实实在排队，但是其他小孩却无视规则，直接插在了我们孩子的面前，这样一来我们的孩子不就吃亏了吗？

其实，我们要求孩子遵守公共秩序，并不代表着孩子就不可以维护自己的权益。如果别的小孩都欺负到头上来了，那么我们也要告诉孩子："你可以反击。"甚至我们可以给孩子做出示范，让孩子学习如何反击。

比如最常见的情况，在游乐场这样的公共场所玩玩具时，我们的孩子拿在手里的枪，被其他的孩子一下子夺走了。我们就可以让孩子自己去要回来，告诉对方："这个枪是我先拿到的，我还没有玩够，等我玩够了再给你。"

如果事情到这里就结束了，那就算是完美。但如果不行，那个孩子告知了自己的家长，那问题就从两个孩子身上上升到了父母身上。一般情况下，如果我们能够跟对方父母讲清楚事情经过，并且提出希望对方遵守秩序的时候，对方都会答应。

比较麻烦的是遇到内心也没有规则感的家长，在我们一再强调规则的时候他们却无动于衷，这时候我们就可以找场地上的工作人员出面解决。至于最后解决的结果如何并不重要，重要的是我们希望孩子能够目睹这个过程，并且明白为了自己的权益，可以据理力争。

5.懂规矩的孩子，在外不做"熊孩子"

我曾经在电影院经历过这样一幕：

我旁边的观众是一个小孩，可能是由于看的电影不是他这个年龄喜爱的内容，所以电影开始没多久，他便有些坐不住了。孩子的妈妈为了安抚住他，便将手机给孩子看。孩子看了一会儿手机，觉得没有意思，便拿起手机对着屏幕晃动起来，因为他发现，他每次举起手机的时候，屏幕上都会出现手机的影子，这让孩子觉得很有趣。

在孩子三番五次这样的操作下，后面已经有观众感到不满了，小声说道："谁家的孩子呀？怎么也不管一管？"

孩子的妈妈听到了，露出"不好意思"的表情，赶紧将孩子的手拉了下来，并低声呵斥道："你能不能安安静静地坐一会儿？"

孩子正玩得尽兴，结果被妈妈阻止了，心中自然不愉快。闷闷地坐了一会儿后，孩子说："妈妈，我想回家。"

"你再坚持一会儿哦，电影马上就结束了，我们现在离开，电影票就浪费了呢！"妈妈好言相劝道。

可孩子却没有听进去，吵闹的声音更大了："我要回家，我不想看电影。"这声音严重影响了大家观影，于是后面有观众忍不住了，大声地说道："赶紧带孩子回家吧，在这里吵得我们都看不好。"

孩子听有人为他说话了，更加大声地吵闹了起来。最后，孩子的妈妈以一脸无地自容的表情，带着孩子离开了。

在公众场合，最让家长感到头疼的问题，就是孩子大喊大叫或是撒泼打滚，引得人们纷纷侧目。为什么孩子会在公共场所里大喊大叫呢？一是孩子刚到了一个新的环境，新环境让孩子感到十分兴奋，所以他们会大喊大叫，以表达自己兴奋的心理；二是因为孩子感到害怕，想要离开，所以会采取大声哭闹的方式迫使父母带他离开；三是孩子在当下的环境中感到无聊，希望通过这种方式能够引起父母的注意；四是孩子可能有其他的目的，想用喊叫的方式达到自己的目的。

但无论孩子是出于哪种原因，在公共场合里如此吵闹，都会让家长感到十分尴尬，无法淡定应对。但是碍于是公众场合，我们又不能大发雷霆，所以很多家长宁可将孩子放在家里，也不愿意带孩子出门。

其实，我们完全可以通过立规矩的方式，让孩子在公众场合表现得更加有教养，成为懂得照顾他人情绪的好孩子。针对不同的场合，我们可以制定不同的规矩。比如在电影院，我们可以制定"不许大声说话、随意走动"的规矩；在餐厅里，我们可以制定"不可以浪费食物、到处乱跑"的规矩……

　　无论是针对什么场景来制定这些规矩，我们的宗旨都是为了告诉孩子，要尊重公众场合里的其他人。那么，在具体执行这些规矩的时候，我们应该怎样做呢？

❯ 在家里讲好规矩再出门

　　虽然这个规矩是约束了出门在外的行为，但是却需要我们在家里提前讲好，因为等到了外面再讲就晚了。

　　如果我们打算带孩子去餐厅，那就提前跟孩子说："在餐厅要安静，不能大声说话，也不能乱丢食物。如果你做得好，回了家可以吃你最爱的牛奶糖；如果你没有遵守规矩，那么今天回家就不能看电视了。"

为了让孩子对公共场合的规矩更加理解，我们可以在家里跟孩子进行一下模拟练习。假设家里是某个场景，如电影院、超市、公交车等，然后问孩子："我们在这里可以大声吵闹吗？"孩子如果说："不可以。"那我们就要立刻对孩子的回答进行肯定，进一步加深孩子对正确行为的认识。

⊙ 营造独处的环境，让孩子安静下来

孩子当着众人的面又哭又闹，时常让我们觉得面子上挂不住，所以对于一些脾气较好的家长来说，他们很可能会为了让孩子安静下来而选择妥协。但这样做会让孩子觉得"大哭大闹"是个达到目的的好方法，下一次还可以这样做。

正确的做法是，当孩子在公众场合大哭大闹时，我们可以先将孩子带到一个人少的、偏僻的角落里，营造一个相对不会被打扰的环境。当孩子离开了原来的环境后，他的情绪就能够得到一定的缓解，同时没有他人的围观，也能让我们的心理放松下来。

等到孩子的情绪渐渐平静下来时，我们就可以帮孩子回忆一下我们之前定下的规矩，如："记不记得我们说过，在公众场合要保持安静？"得到孩子的肯定后，再带着孩子去完成之前没有做完的事情。

⊙ 用更温和的方式对待孩子

对于脾气比较暴躁的家长来说，如果碰到了孩子在公众场合大

哭大闹的情况，可能会为了让孩子停下来，而对孩子说："不要哭了，再哭我就走了，不要你了。"事实上，这样恐吓的话语只会吓到孩子，让他们失去安全感，也许还会让孩子哭得更厉害。

其实，我们只需要蹲下来紧紧地拥抱孩子，先不要急着跟孩子说订立的规矩，就静静地等着，用一种更加温和的方式，让孩子平静下来。一般情况下，没有孩子可以拒绝爸爸妈妈温暖的怀抱。

第六章

社交之中懂规矩，孩子更受欢迎

　　在当今社会，社交已经成为一种非常重要的社会活动，关乎着孩子以后的人生道路。心理专家指出：许多成年人存在不善于社交的情况，多半都是在幼儿时期就没能培养起在复杂的社交活动中从容面对的素养和妥善处理的能力。所以父母应该从小培养孩子的社交意识，教会孩子一些基本的社交礼仪。让孩子在学习待人接物的规矩过程中，逐渐培养起卓越的社交能力。

1. 与异性玩耍，小小规矩要记牢

女儿上幼儿园中班的时候，有一天回家后对我说："妈妈，我不喜欢我们班的晨晨。"

"为什么呀？"我好奇地问道。

"他总是跟着我，还爱搂我，今天还说要娶我当媳妇。妈妈，什么是媳妇？"女儿一脸好奇地问我。

其实孩子在进入到性别敏感期后，会对异性产生好奇，这是十分正常的事情，但是如果父母不进行正确的引导，那就难免会惹出麻烦来。

于是我问女儿："那你有没有跟他说你不喜欢他跟着你，不喜欢他搂着你呀？"

女儿摇了摇头，说："他是新转来的，老师说要多照顾他，让我们跟他一起玩。"

我听了点了点头，然后说："老师说得对，我们要团结同学。但如果他的行为让你感到不舒服了，你就要当面告诉他，你不喜欢这样做，希望他不要再这样做了。"

女儿听了，似懂非懂地点了点头，后来挺长一段时间里，没再听到女儿提起这件事。可是没想到，女儿这边解决了她的麻烦，那个叫晨晨的小朋友，却惹上了新的麻烦。

据女儿说，晨晨喜欢上了班里的另一个小女孩，并趁着这个小女孩不注意，亲了小女孩的嘴，小女孩就哭了，当着班里好多同学的面骂晨晨是"臭流氓"，这个新鲜词汇一出来，好多孩子都跟着学，不管男孩还是女孩，都指着晨晨骂"臭流氓"，甚至还有的孩子一看到晨晨就跑开，嘴里还说着："臭流氓，你可别亲我。"

听着女儿的叙述，我觉得骂一个小孩"臭流氓"有些太过分了。果然，晚饭过后没多久，家长群里就炸开了锅。先是晨晨的妈妈在群里不点名喊话："孩子之间的友情是纯真的，只有思想龌龊的人才会用肮脏的语言诋毁孩子。"

小女孩的妈妈立刻回话道："男女有别不知道吗？你儿子喜欢亲小女生、摸小女生也不是一两次了，你应该好好反思一下你的教育，而不是在这里指责别人。"

一时间，家长群里闹得火药味十足。这件事真是"公说公有理，婆说婆有理"。作为家长，我们确实无权去指责别人的教育怎么样，只能致力于将自己的孩子教育好。一来要告诉他们如何保护自己，对让自己不舒服的行为，敢于大声说"不"；二来要告诉孩子，和异性朋友之间玩耍，都需要遵守哪些规矩。

＞ 学会尊重对方

我国曾有着数千年"男尊女卑"的说法，这也因此导致了现在还有一些人的头脑中残存着"重男轻女"的腐朽思想；还有一些人则是"矫枉过正"，出现了"重女轻男"的现象。

这是个男女平等的年代，男孩子不比女孩子尊贵，女孩子也不比男孩子金贵，这是父母首先要明确的一点，不要将"重男轻女"或是"重女轻男"的思想传播给孩子。否则孩子就会出现不尊重异性、在语言和行为上诋毁异性的行为。

因此，无论是男孩子还是女孩子，在相处过程中首先要做到尊重对方。有了尊重作为前提，孩子才会在交往或游戏的过程中产生"边界意识"，明确什么行为可以有、什么行为不可以有，女孩子会更加端庄大方，男孩子也会更加彬彬有礼。

◉ 学会保护自己

现在的孩子接触信息的渠道十分广泛，什么电视、网络、书籍等，这些都会过早地给孩子传达出"爱情"的信息。有一些儿童书籍和动画片堂而皇之地描写和演绎谈恋爱的场景，使得孩子小小的年纪，心里就已经有了"男朋友""女朋友""结婚"等概念。

这不能算是一件绝对坏的事情，但也绝不是一件好事情，因为这里还涉及一个更深层次的概念，那就是该如何保护自己。据悉，现在医院里未成年人打胎的比例在直线上升，最小的只有 12 岁。而这些孩子并不是缺少父母管教的孩子，有的孩子甚至出生在条件非常好的家庭，只是她们缺少性教育，不懂得该如何保护自己。

性教育，是孩子成长过程中必上的一堂课。不管是男孩子还是女孩子，我们都应该让孩子从小就明白"男女有别"，只有明白了其中的利害关系，才能拥有保护自己、尊重他人的意识。

此外，到了一定年龄，家长要力所能及地进行更高层次的教育，即初步的人生观、婚姻观的教育。

◉ 不要太过于拘谨

有的父母比较重视孩子与异性朋友之间的交往，所以总是表现出一副很紧张的样子。小朋友之间拉拉手、搭搭肩，都是表示友好的行为，所以父母不必上纲上线，这样只会让孩子在与异性的接触中变得拘谨起来。男孩子高冷不理人，女孩子拒人于千里之外，这样并不利于孩子与异性之间的正常交往。

与异性之间交往虽然不同于同性之间的交往，但是也没有必要视对方如"洪水猛兽"，相反，孩子与异性相处还有很多好处。首先，孩子将来要走向社会，在社会中会遇到各种各样的人，从小就懂得人际交往之间的规矩，更有利于孩子提高自己的社交情商。其次，从宏观的角度来看，女孩和男孩之间存在着差异，无论是性格，还是智力等，比如男孩在大运动方面领先，而在精细动作发育上要比女孩慢，经常一起玩，可以让他们相互学习。

所以，我们只需要告诉孩子如何正确与异性朋友相处，如何正确表达自己对异性朋友的喜欢就好，并要鼓励孩子落落大方地与异性朋友相处。

2. 告诉孩子，随便打断别人说话不礼貌

"大人说话，小孩别插嘴"，这句话很多人在小时候都听到过。当还是孩童时期的我们兴致勃勃地想要表达自己的观点时，却被父母绷着脸要求"不许插话"时，那种委屈无以名状，并且直接影响到了我们长大后的自我表达能力。

其实，孩子爱在父母聊天时插话，一是希望自己能够引起他人

的注意，这种情况往往是因为家长聊得太过热火朝天，而忽略了孩子的感受，所以孩子急于找到存在感。二是孩子所处的年龄段所致。当他们听到大人们谈话时，为了"露一手"，展现下自己的"本领"，就会打断大人的谈话。三是孩子的性格所致。有些孩子天生语言表达能力强，所以遇到自己感兴趣的话题时，就要表达一下自己的观点。

女儿有段时间就非常能说，不管大人在讨论什么问题，只要是其中有她的"兴趣点"，她都要急于表达自己的观点，即便是家中有客人时也是如此。只要不影响大人的谈话，大多数情况下，我都会给她发言的机会。

有一次，爱人的领导来家中做客。在聊天的过程中，女儿一直饶有兴趣地坐在一旁听着。但过了一会儿，她不甘于只做一个"听众"了，于是便跑到我面前，不停地叫："妈妈……妈妈……"当我的视线转移到她身上后，她立即想将自己所知道的内容告诉我。与此同时，爱人的领导也在说话。

　　我很想对女儿说："自己到一边玩去，爸爸妈妈有正事要谈。"但是转念一想，这样说与"大人说话，小孩别插嘴"又有什么区别呢？于是到了嘴边的话变成了："宝贝，你可以等一会儿再说吗？等晚上睡觉时，你悄悄告诉妈妈好不好？"

　　"嗯……那好吧！"女儿虽然有些扫兴，但是她还是同意了我的建议。后来我发现，这是个很不错的方法。

　　我在学校上课的时候，也经常有孩子急于表达自己的观点，而他的观点往往与讲课的内容无关，如果让孩子继续讲下去，不但会破坏课堂气氛，还会拖延讲课时间。这个时候，我就会对那个学生说："这个问题咱们留在课下再谈论好吗？"通常，孩子都会选择乖乖地闭上嘴巴，等着下课时再与我讨论。

　　不管是大人说话时，还是在老师讲课时，孩子插嘴都会被认为是不礼貌的行为。但无论是哪种情况，不可否认的是，让孩子拥有话语权，对其今后的语言表达能力都有很好的促进作用。所以我们万不可强行制止孩子发言。但如果一味地纵容，又无法让孩子掌握到人与人之间轮流发言的应对秩序，这将会影响孩子的人际关系。

　　这时，我们就需要一些小规矩来约束孩子的行为，具体该如何制定呢？

◉ 打电话时让孩子学会 "安静"

许多父母都遇到过这样的问题，就是在我们打电话的时候，孩子总是在一旁 "妈妈、妈妈" 地叫个不停，有的甚至还会跟父母抢着通电话。这个时候我们往往都会十分生气，觉得孩子太不听话了。

实际上，孩子这样做是因为他们觉得电话 "威胁" 到了他们的地位。仔细回想一下孩子抢电话的时候，大多是因为父母前一秒还在陪孩子玩，后一秒接起电话就不理睬他们了。所以在孩子的意识里，是电话抢走了他们的 "爱"。

针对这种情况，我们可以在接电话前先问问孩子："妈妈要接个电话，你是选择坐在妈妈旁边安静地玩玩具，还是到屋子里找爸爸呢？"给了孩子选择权，孩子就可以感受到自己拥有了某种控制能力，同时他们也感受到了父母并没有完全忽略他们。通常，他们就会从中选择一项，然后不再打扰父母接电话。

需要注意的是，我们要给孩子明确的选择，不要问一些答案模糊不清的问题，比如："妈妈打电话，你想干什么？"这样问的话，我们与孩子之间就可能陷入无休止的争论之中了。

◉ 让孩子学会等待

很多时候孩子插嘴，是因为他们并不知道自己在这个时候说话不合适。因此，我们就需要跟孩子商量好，什么时候可以说话，什么时候不可以说话。

在我们不加以制止的时候，就说明孩子可以发表自己的建议，但如果我们说："宝贝，大人有些事情要谈，你先自己去玩，有什么话我们晚上悄悄说，好不好？"那就是告诉孩子，这个时候他不能发表意见。

这一点需要我们提前跟孩子说，就像事先商量好暗号一样，只要这个"暗号"一出现，孩子就要明白，接下来的场景他需要保持安静，因为大人有正事要谈，不适合小孩子发表意见。如果孩子很好地遵守了这一协定，记得要及时肯定孩子的表现哦！

⊙ 利用游戏培养孩子的秩序感

一般孩子在上了幼儿园之后，就已经有了"先来后到"的概念了，他们会懂得滑梯要轮流玩，这样才能形成良好的秩序。我们可以利用这一点来打比方，告诉孩子，滑滑梯需要轮流玩，说话也是一样，在别人没有将话说完时，我们不要随便插嘴，想说的话，可以等别人将话说完自己再说。

另外，"一问一答"也是一个不错的办法。具体做法是，我们与孩子面对面坐在一起，然后问孩子："你今天在幼儿园都干什么了呀？"

在孩子回答的过程中，我们要表现出认真倾听的样子。孩子说完后，我们再发表意见，再让孩子问一个问题，我们来回答。如果孩子在我们回答的过程中忍不住插嘴，我们就可以用手势示意他们先不要讲话，等我们讲完了，再给他们讲的机会。

3. 分享的"天性"需要后天来培养

孩子在小时候，大多都是"自私"的，因为他们的道德认识发展是直观的，是以自我为中心的，没有主观的责任感。因此他们很少考虑到别人的感受，更不能客观地看待问题，所以产生了一系列在父母看来十分"自私"的行为。尤其是当家里来了"入侵者"时，他们就会将这种"自私"发挥得淋漓尽致。

记得有一次，姑妈家出了点事，无奈之下只能将家里的小孙子先放在我家，让我母亲帮忙照看。有小弟弟陪着玩，我女儿本是很高兴的，但是只玩了一会儿，他们之间就产生矛盾了。

小弟弟想要拿女儿的万花筒看一看，但女儿就是死死抓在手里不愿意松开，母亲怕人家的孩子在我们家受了委屈，便让女儿让出万花筒，还跟女儿说："小弟弟是客人，你是主人，你要照顾好小弟弟。"

可是女儿就是不愿意，而且还将摊在桌子上的玩具一股脑儿都塞进了抽屉里，然后整个人挡在抽屉前，说："这都是我的玩具，不给弟弟玩。"

母亲一听便生气了，训斥女儿道："弟弟好不容易来咱们家做客，你怎么能这么小气呢？你怎么当姐姐的？"

被骂的女儿不服气，噘着嘴巴看着母亲，就是不肯做出让步。我见状，只好先和起了"稀泥"，抱起小侄子说："走，表姑带你去那屋玩，那屋有个大皮球，我们滚皮球玩，好不好？"说完，我特意看了看女儿，希望她能够冷静下来，意识到自己的错误。

小侄子点点头，女儿却不乐意了，抓着我的衣角说："妈妈不许跟弟弟玩！"

"为什么呀？弟弟这么可爱，妈妈喜欢弟弟。"我本意是想激发女儿对弟弟的喜爱之情，结果却无意中打翻了女儿的"醋坛子"。原本只是不愿意让弟弟玩玩具的女儿，现在变得不肯让妈妈接近弟弟了。

她抱着我的大腿，整个人像考拉一样"挂"在我身上，说："你是我妈妈，不能抱弟弟，不许抱弟弟。"

见女儿如此不讲理，母亲强行将女儿抱了起来，一边给她讲道理，一边让她懂事听话些，可女儿丝毫听不进去，一直在母亲怀里使劲儿挣扎。结果女儿对小弟弟的敌意一直持续到小弟弟的妈妈将他接走。

其实不愿意与其他孩子分享自己的玩具、零食等，这是孩子的天性，我们需要尊重孩子的自我成长，不能在孩子表现出"自私"的时候，对孩子进行批评或是打骂。但是孩子终究要长大，要走向社会，他们又不得不学会与人交往的能力，这就需要孩子懂得与他人合作与分享。如果我们一味纵容孩子的"天性"发展，那么孩子就会变成自私自利的"小气鬼"。

所以，当孩子稍微长大一些，开始尝试着与外界接触的时候，我们就要给孩子定下"乐于分享"的规矩了。

＞ 先给孩子灌输"分享"的理念

给孩子灌输"分享"理念，不是对着孩子讲一些枯燥无味的大道理，而是从生活中的点点滴滴做起，一点点地将"分享"的理念

143

渗入到孩子的头脑中。

比如，我们买回家的水果，在洗干净以后，不要放在桌子上等着大家自己拿着吃，而是让孩子分给大家吃。或者是在给孩子买了好吃的时候，不要只顾着让孩子吃，可以对孩子说："给妈妈吃一口好不好？"也可以让孩子拿着分给家里其他人尝一尝。

很多孩子之所以不愿意与人分享，很大的一部分原因在于他们根本不知道何为"分享"。因为在家里的时候，无论是吃的还是玩的，都是他一个人的，就算他偶尔出现将好吃的给家人尝的行为，也会被家人说："妈妈不吃，你多吃点。"或者"妈妈不爱吃，这就是给你买的。"这样一来，孩子就失去了学习"分享"的途径了。

另外，通过一些内容跟"分享"有关的绘本故事，也可以给孩子灌输"分享"的理念，并且会让他们印象深刻。

> **用情景演练的方式，教会孩子"分享"**

当孩子懂得了什么叫作"分享"后，我们就要教孩子怎样"分享"了。孩子最喜欢的学习方式就是游戏，我们可以通过玩"过家家"的方式，与孩子进行"分享"。

比如，我们充当小主人，让孩子充当来家里做客的小朋友，然后我们拿出玩具来和孩子一起玩，或者拿出美味的食物，与孩子分着吃。我们做完一遍后，再与孩子进行角色转换，让他们来当小主人，我们来当小客人，让孩子来招待我们。这个过程当中，我们就可以清晰地了解到我们的教学成果怎么样了，如果孩子中途没有做到"分享"，我们就可以提醒他们一下，等他们做到了以后，再告诉他们："以后小朋友来家里做客，你就可以这样招待他们。"

⊙ 利用"共情"让孩子感同身受

有句话叫作"隔岸观火不如身临其境"，意思就是说，无论什么事情，只有亲身体验过，才能够真正地理解。分享这件事也是如此，孩子不愿意跟其他小朋友分享时，他们是无法体会被拒绝的小朋友的心理状态的。

因此，我们若想孩子对"分享"有更深一层的理解，就要想办法让孩子产生"共情"。比如，当孩子不愿意分享时，我们可以问他们："如果是你到小朋友家做客，小朋友什么也不愿意给你玩，你心里会怎么想呢？"

对此，大部分孩子都会回答说："我心里会很难受。"

这时我们就可以接着说："所以啊，你不跟别人一起玩，别人也会难受的。"

如果孩子对此无动于衷，那么我们可以在带着孩子去别人家玩时，让孩子体验一下这种"难过"的情绪，事后再告诉他们"己所不欲勿施于人"的道理。

4. "爱打招呼"的孩子人人爱

我家楼上的一个大爷，特别喜欢我女儿。因为每次女儿见了他，都会甜甜地打个招呼说："爷爷好。"所以大爷每次见到我，都会夸奖女儿说："你们家的小女儿太懂礼貌了。"殊不知，我女儿曾经也是一个害羞的小姑娘，见了人就往我身后躲，别说打招呼了，连别人多看她两眼，她都会觉得不好意思。

记得有一次我在接女儿放学的路上，遇到了我一个很久不见的朋友，我激动地拉着闺女说："快，叫阿姨。"朋友也很激动，一脸期待地等待着女儿跟她打招呼。结果女儿却一下子闪到了我身后，说什么也不肯露面。

朋友很想好好端详端详女儿，便伸手去拉她，并说道："别害羞嘛，让阿姨看看最近又长高了没有？"

朋友越是热情，女儿就越是退缩，把我弄得十分不好意思，心想着女儿平时也挺活泼的，怎么打个招呼还这样扭扭捏捏呢？于是硬是将女儿从我身后拽了出来，命令她道："赶紧叫阿姨啊！今天怎么这么胆小啊？"

说完，还用眼神示意女儿，但是女儿还是躲躲闪闪的，就是不愿意开口。还好这时朋友及时说道:"快别勉强孩子了,孩子还是那么小的时候见过我,这么长时间没见,肯定陌生。"

我连忙借着"台阶"下来了,说:"是,她就是有点胆小。"

后来,我们又寒暄了一阵子才相互道别,其间女儿的情绪一直很低落,直到回了家也没怎么说话。此时,我开始意识到自己之前的做法有些不妥,回想起自己小时候被母亲带出去时,所承受的"打招呼"的恐惧感,现在我又把这种"恐惧"强加在了孩子身上,我难道不该"己所不欲勿施于人"吗?更何况,我逼迫孩子开口打招呼,更多的是自己的虚荣心在作祟,想让孩子给朋友留下"懂礼貌"的好印象。而且只因为女儿不愿意,就给孩子贴上了"胆小"的标签,这对孩子而言,实在是不公平。

于是，我利用哄女儿睡觉的机会向她道了歉，表示自己不该在别人面前说她"不好"，女儿就像小天使一样，并没有跟我计较，而是说出了她的心里话。她说自己并不认识那个阿姨，也不知道该跟阿姨说些什么，所以才不肯开口。

我们该如何给孩子制定"见人打招呼"的规矩呢？

＞ 尊重孩子的能力，不要强迫孩子

通常而言，大部分孩子在 1 岁半左右，就可以说一些单个的词语了，在这个阶段，家长通常都会教给孩子一些称呼，比如叔叔、阿姨、伯伯等，目的就是为了让孩子在见到这些人的时候能够脱口而出。

提早做准备是对的，但是却不能心急，因为对于这个年龄段的孩子来说，训练他们打招呼还不是最好的时机。因为从六个月开始一直到 1 岁半期间的孩子都处在依恋敏感期的爆发阶段，他们见了陌生人会十分害羞，甚至感到不安，所以会做出紧紧抱着父母的行为。如果父母此时从他们身边离开，他们还会着急和哭泣。

这些都是孩子在这一时期的正常表现，所以父母万不可给孩子过早贴上"内向""胆小"的标签。等到孩子过了这个依恋敏感期后，他们对陌生人就不会这样排斥了，我们再给孩子定"见人打招呼"的规矩也不晚。

▶ 对内向的孩子多一点儿耐心

见到人愿不愿意开口打招呼，跟孩子的性格有很大关系，性格内向的孩子比较慢热，内心也比较敏感，他们适应一个新环境往往需要更长的时间。基于此，我们在让内向型的孩子打招呼时，就一定不能着急，要先给孩子一些时间，去适应当下的环境以及眼前的这个人。

如果孩子适应以后，不愿意主动开口，我们就可以提醒孩子一句"要叫阿姨哦"，不要想着批评或是惩罚孩子，也不要用强制性的语言，如"必须""一定"等，来逼迫孩子立即开口。如果我们提醒了孩子后，孩子还不愿意开口，我们就可以主动给孩子做个示范，如"阿姨好"，一旦孩子主动开口打招呼了，我们就要立刻给予孩子肯定。

但如果孩子始终没有开口，我们也不能对孩子说"你没有礼貌"，或是"你不乖"这样的话语，这样的评价会让孩子很难过，以为自己犯了错误。而实际上，见人打招呼这样的行为，与骂人、打人不同，没有涉及原则性的问题，所以我们不必给孩子太多的压力。

对于缺少社交经验的孩子来说，他们需要的是时间和理解。这里有一个小技巧，孩子虽然不爱问好，但是却很爱说"再见"，所以当孩子不愿意开口问好时，我们可以在与别人分开时，让孩子和别人说"再见"，这对孩子而言比较简单，也更愿意接受，而且还缓解了我们因为孩子不愿意开口问好而产生的尴尬。

> 正确引导外向型的孩子

外向型的孩子与内向型的孩子恰恰相反，他们活泼又热情，很愿意和别人主动打招呼，但问题是他们常常会用错方式。比如，看到熟悉的小伙伴了，他们会上去拍人家两下，或者推推人家的脑袋。对于一些敏感的孩子而言，这样的行为就可以称为"打人"了，但实际上，这只是外向型孩子打招呼的方式。

因此，我们要及时教会外向型的孩子正确的打招呼的方式。对于外向型的孩子，我们可以使用一些带有强制性的词语，如对孩子说"见到人一定要打招呼哦"。

当孩子明确了这个规矩后，我们就要着手教他们了。这里可以使用"演练"的方式，即我们对孩子说："你好啊！"然后引导孩子说："妈妈你好。"我们还可以充当一下其他的人，如邻居的阿姨、楼下的奶奶、孩子的好伙伴等，分开角色与孩子进行练习，相信孩子很快就能掌握正确的打招呼的方式。

5. 在别人家要做个有规矩的小客人

　　近两年特别流行盲盒，我的一个喜欢收藏的朋友十分沉迷于此，她专门为自己的盲盒人物买了一个玻璃柜，将这两年拆出来的限量款、珍藏款等都陈列在了里面。

　　我第一次带着女儿去他们家时，女儿在玻璃窗前看了许久，朋友则站在一旁认真地给女儿讲解每个"人"都叫什么，有什么来历。我看出女儿满脸向往的表情，不过令我欣慰的是，从始至终她都没有说出"我想要一个"这样的话语，只是站在那里观看，一直到我们离开。

　　可当我第二次带着女儿去她家时，赫然发现柜子上多了一把锁，看着我吃惊的表情，朋友连忙解释说："可别误会啊，不是为你们而锁的，我是怕我那小侄子又来。"

　　原来，在此之前，朋友的表侄子到她家玩了一天，正好朋友不在家，等她回来的时候，发现所有的人物都不在原位放着，而且还少了三个。这让朋友当场暴跳如雷，随即就买了这么一把锁回来，意在告诉所有人："里面的东西很贵重，不能动。"不明白的人可能觉得朋友有些兴师动众了，明白的人就知道且不说这些盲盒花了多少钱，关键是有的款是珍藏款，不但再也买不到了，而且还一直在升值。

朋友的母亲也不知道这些，只以为是小孩玩的玩意，所以当朋友的表侄子死活要拿出来玩时，朋友的母亲就同意了。那孩子拿着这些人物，玩了一天的"打仗"游戏，最后走的时候，因为太喜欢其中的三个，便说什么也不愿意放回去。

朋友的母亲不想让人家以为自家小气，便擅自做主送给了小孩子。朋友考虑了良久，还是硬着头皮向侄子家提出归还的要求，结果人家却说早就不知道扔哪去了，什么时候找到什么时候再还吧！

朋友说到这里，忍不住夸赞了一下我女儿，说："还是你女儿懂规矩，知道别人家的东西不能乱动。"

这归功于我给女儿规矩立得早，在我感觉可以带她到别人家玩时，就给她立下了一条规矩——除非得到主人的允许，否则别人家的东西不能乱动，也不能乱要。

起初女儿也不太能坚守这个规矩，到了别人家总是很好奇，这个也想看看，那个也想摸摸，甚至还动手打开别人家的抽屉看了看。事后回了家，我说出了她的错误，并取消了那个星期要带她去游乐场的计划。

除此之外，我还给女儿制定了"别人家要吃饭、休息时必须回家"，以及"玩完以后要帮忙收拾现场"的规矩。有了这些规矩的制约，女儿到别人家时，总能成为那个受人欢迎的小客人。

因此，要解决上述的问题，便需要相应制定一些规矩。在制定这些规矩以及实施这些规矩时，大家可以参照以下方法。

❯ 给孩子找到行为"参照物"

孩子就像是一棵小树苗，他们会本能地朝着有阳光的方向生长。所以，我们可以利用孩子这种"求好"的心理，给孩子找一个榜样，让他们找到自己的行为"参照物"，这样孩子就会变得越来越好。

在孩子的小伙伴中，一定有一些十分懂礼貌守规矩的小孩，当这些小孩来家里做客时，家长就可以将他们做得好的地方记下来，然后等着这些小朋友离开后，与孩子一起讨论一下这些孩子都哪里做得好。人人都说"懂礼貌的孩子走到哪里都受欢迎"，孩子也会欢迎这样的小朋友来家里做客，也许有的小朋友不会乱翻玩具，也许有的小朋友会礼貌地和家里的大人打招呼……总之，做得好的地方，自家的孩子也会深有体会。

而这个体会的过程，就是他们学习的过程。不过需要注意的是，我们可以夸别人家的孩子好，可以客观地对别人家孩子的行为做出评价，但是不能做对比，切忌"捧一踩一"，要知道孩子最讨厌和别人进行对比。因此，单纯地夸可以，千万不要拿自己的孩子和别人家的孩子进行对比。

⊙ 制定"双向"的规矩

前面我们说到"定规矩要做到一视同仁"，即规矩定下了，每个人都得遵守。在孩子去别人家做客这个规矩上，也应该如此。当我们给自己的孩子规定"到别人家不得乱翻人家抽屉"时，那么这个规矩在自己家也要得到执行，否则孩子就会不服气，凭什么他可以随便动我的东西，我却不能随便动他的东西？

也许有的家长会觉得为难，管自己的孩子是天经地义，管别人的孩子就有些说不过去了。这个问题很好解决，我们不方便说的话，可以让孩子去说。如果小朋友随意翻动家里的东西，而这个规矩正是我们给孩子制定的要求他去别人家遵守的规矩，那么孩子就会对小朋友说："这个抽屉的东西不能乱翻。"

这样一方面可以避免一些"熊孩子"在家里肆无忌惮地捣乱，也可以让孩子对"到别人家该怎么做"有更加清晰的认识。

> 说明"自己家"与"别人家"的不同

对于初次做"小客人"的孩子而言，他们可能还不知道自己家与别人家有什么区别，所以到了别人家就像进自己家一样，随意地坐在沙发上，光着脚到处跑来跑去，想上床就上床，想下地就下地。

捣乱的行为在自己家可以有，在别人家就是不懂规矩的表现了。所以我们要及早给孩子灌输"自己家"和"别人家"的概念，让孩子先在概念上有所区分，然后再告诉孩子哪些事情在自己家可以做，到了别人家不能做。

只有知道自己家和别人家不一样，孩子才能知道具体的行为准则是什么，从而更好地执行父母给自己定下的规矩。

第七章

家庭，是规矩最好的养成所

家庭，对孩子而言，是温暖的港湾，是成长的摇篮。有位优秀的教育家说过："优秀的品格，只有从孩子还在摇篮之中时开始陶冶，才有希望在孩子心灵中播下道德的种子。"因此，我们要给孩子创造一个良好的成长环境，让孩子从出生起就拥有良好的家庭教育，这样孩子才能养成种种良好的习惯。

1. 给"小小电子迷"制定规矩

随着科技的进步，电子产品的普及，几乎每家每户都有电视、电脑和手机。这些电子产品在给我们生活带来便利的同时，也给我们带来不少麻烦，首当其冲的麻烦，就是家里的孩子都成了小小的"电子迷"。且不说电子产品里的内容是否都经过了筛选才被孩子看到，单说电子产品对人类健康产生的不良影响，就不是一星半点。

表姐生她家二宝的时候，因为涉及住院、坐月子等事情，不能将大宝带在身边，只能让大宝先跟着爷爷奶奶住一段时间。

爷爷奶奶为了安抚大宝，使出了"杀手锏"——手机，只要大宝吵着要妈妈，奶奶就赶紧将手机奉上，没出三天，大宝就对手机了如指掌了，奶奶不会用的地方，还得"请教"大宝。

等到表姐坐完月子，将大宝接回家时，才发现大宝多了几个毛病：睡觉前必须要看手机才能睡，不给看手机就睡不着；吃饭的时候也要看手机，否则就不肯吃；妈妈没时间陪她的时候，也要看手机，否则就感到无聊。

所以最初回家的几天，大宝几乎一天要哭上七八回，回回都是因为表姐不让她看手机。哭了几天后，大宝居然不再吵着闹着要看手机了，表姐以为孩子成功戒掉了"手机"。直到有一天，表姐哄二宝睡着以后，听到客厅里的大宝一点儿声音都没有，感到很好奇，便起身出来看，发现大宝正抱着手机躲在客厅的角落里看得津津有味。

表姐十分震惊，心想：为了不让孩子看手机，她特意给手机设置了密码，没想到密码都锁不住孩子想要看手机的那颗心。后来表姐更换了密码，大宝也没说什么，但过了没几天，大宝又将表姐的手机密码破译了。

后来表姐见设密码的方式不管用，干脆采取了"听之任之"的态度，让她一次玩个够，结果大宝就真的可以拿着手机看一整天。

这恐怕是很多家庭正在经历的问题，大人为了图省事，就用电子产品来"打发"孩子。结果等孩子玩上瘾了，又想方设法让孩子"戒掉"电子产品，这谈何容易呢？就像"病来如山倒，病去如抽丝"一般，电子产品上瘾很容易，但是要再想让孩子从电子产品中抽离出来，可就不是一件容易事了。

根据美国儿科协会的建议，18个月以下的孩子禁止接触电子屏幕；2~5岁的孩子，每天使用电子产品的时间不能超过1个小时，而且不可以用电子产品代替亲子之间的互动，更不能占用睡眠、社交和运动的时间。因此，关于电子产品的使用规矩，我们要及早制定，及时执行。

那么，我们该怎么给孩子制定关于使用电子产品的规矩呢？

⊙ 规矩要具体明确，不要含糊不清

在给孩子制定这方面的规矩时，首先我们内心一定要十分明确自己的希望，我们希望孩子使用电子产品多长时间？孩子看了电视，还可以再看电脑或是手机吗？明确了这些内容后，我们就可以着手给孩子定规矩了。可以规定孩子每天只能看一个小时的电子产品，然后让他自己选择时间段，是上午看，还是下午看，或者是晚上看。

如果我们对时间段有要求，那么在给孩子提供选择时，就要将范围设定在我们要求的范围内。然后还可以让孩子自己确定，在这一个小时内，他是选择看电视，还是选择看手机。选择可以变，但是无论选择什么，每天都只能看一个小时。

需要注意的是，我们必须将时间明确地做好规定，不要用"一会儿"这样模糊的词语进行规定，至于如何让孩子计时，前面提到的沙漏和做标记的方式，同样也可以在这里使用。

＞ 提前提醒，强制执行

在规定的时间快要到来时，我们要提前提醒一下孩子快到时间了，让孩子有一个心理准备，然后时间到了就要按照要求关掉电子产品。

如果孩子做到了，那么我们就要及时给予孩子鼓励和肯定。但如果孩子做不到，我们就可以告诉孩子："你该关电视了，如果你不关，那我就要关了哦！"然后观察孩子的反应，如果孩子主动关了，那么我们依旧要给予孩子鼓励和肯定。

如果经过我们的提醒、再提醒，孩子依旧做不到的话，那么我们绝对不能"手软"，该出手就得出手。有些妈妈可能会觉得孩子正在看的内容很有意义，便生出想要让孩子看完的念头。这样的话，孩子就会轻视规矩，认为"只要我不说，妈妈就不会管我"。

实际上，有意义的节目不是今天演完，明天就不演了，而是今天没有看完，明天仍旧可以接着看。更何况，一个好习惯的养成要比一档有意义的节目让孩子更加受益终身。

这里需要注意的是，如果孩子不守规矩，我们强制执行就可以了。千万不要说威胁孩子的话语，如："你再不关电视，明天就不许你看了。"这样威胁的语言，只会让孩子情绪崩溃，对规矩产生逆反的心理。

❯ 不要将电子产品当作"哄娃神器"

有时候父母给孩子看电子产品，往往是出于无奈。比如，带孩子出去吃饭，孩子早早吃完了就开始捣乱，影响了大人之间的交谈，这时，父母往往会拿出手机说："别折腾了，手机给你看。"

这虽然可以帮我们解决一时的问题，但是却给我们立规矩留下了巨大的隐患，实在不是一个好办法。

如果我们在生活中会遇到以上类似的问题，需要做的是，在出门前准备好孩子喜欢的玩具，或是其他有趣的东西，比如绘本、画笔、桌游等，在孩子感到无聊的时候，将这些东西给他们，既可以起到安抚孩子的作用，也可以让我们的规矩得到更好的贯彻执行。

另外，这个办法不仅仅适用于出门在外时，也适用于在家时。当孩子哭闹着不肯听话时，我们与其用电子产品来安抚孩子，不如选择一些其他的物品来代替手机。实际上，对于孩子而言，父母的陪伴永远比电子产品更具有吸引力。

2. 规矩立得早，孩子生活习惯好

在我女儿的学校里，坐座位的方式采取的是轮换制，每个星期孩子都会按照顺序换位置。每次换位置女儿都很高兴，因为这样她就有机会距离自己的好朋友更近一些。只有一次，她表现出了不愿意的样子。

在换座位的前一天，她忧心忡忡地跟我说："妈妈，你能不能跟老师说一下，我不想坐在姜晨的位置上。"

原来女儿下一次要换的位置，现在坐着一个叫姜晨的小男孩儿。我感到不解，问道："为什么呀？"

女儿扭捏了半天，才说道："他的桌子和凳子都太脏了，我不想坐。"

"大家不都是一样的课桌椅吗？为什么他的那么脏呢？"我问。

"我就坐在他后面，我看到他上课的时候，总是把抠下来的鼻涕抹在桌子下面，有时候抹在椅子下面，太恶心了。"女儿皱着眉头说道。

这确实有些不讲卫生，女儿不愿意坐他的座位也是很正常的表现，但是只因为这样的原因就跟老师提出换个位置，会不会又有些小题大做了呢？毕竟女儿不坐那里了，还会有其他同学坐在那里，这样对别的孩子也不公平呀！但是看着女儿愁眉苦脸的样子，我还是拿起了手机，将女儿内心的顾虑说给了老师听。

一会儿老师就回了信息过来，老师表示十分理解，因为不止一个孩子在换座位前跟老师沟通过这个问题，甚至有胆大的孩子当场提出不愿意坐在姜晨坐过的地方。老师为此也很头疼，私下里教育过几次姜晨，也跟他的父母反映过这个问题，但是这孩子似乎已经养成了习惯，总是改不掉。

最后，老师让女儿放心，因为老师在放学后，将课桌椅全部擦洗了一遍，而且还是用消毒药水擦洗的，绝对不会有鼻屎留在上面。

虽然个人生活习惯只是一件微不足道的小事，但是它却反映着一个人的生活情趣和精神面貌，孩子也有自己的自尊，也不希望自己给别人留下一个邋里邋遢的形象。而且，孩子不讲卫生不但会对自己的身体健康产生影响，还会影响孩子在他人眼中的形象，给孩子的社交造成障碍。

我们若是希望孩子注意卫生，拥有健康的身体，除了父母自身要养成良好的卫生习惯，给孩子树立良好的榜样外，还要耐心地指导孩子，从小给孩子制定关于生活习惯的规矩，如早晚洗漱、定期洗澡、保持衣物整洁、饭前便后洗手等。

那么，我们该怎么去制定生活习惯方面的规矩呢？

⊙ 卫生习惯，须从小培养

如果小时候父母任由孩子每天灰头土脸，穿着邋里邋遢，那么等他懂事以后，再去要求他要注意个人卫生，一时半会儿是无法达成所愿的。所以，良好的习惯须要从小培养。

当孩子1岁以后，虽然他们还无法用语言顺畅地表达，但是当我们用语言加行为反复做示范之后，孩子还是可以很好地理解一件事情的。这个时候我们就可以着手给孩子制定一些生活习惯方面的规矩了，但是由于孩子年龄还小，一些事情不是我们说一两句孩子们就能记住并且做到的，所以我们一定要拿出十足的耐心，不厌其烦地去指导孩子该怎样做。

为了让孩子更快更好地遵守我们定下的规矩，在制定规矩的初期，我们要陪着孩子一起做。比如，我们要求孩子饭前洗手，就要在开饭前，带着孩子一起进卫生间，然后一起洗手，并为孩子演示正确的洗手方法。而不是我们自己坐在饭桌前，然后对孩子说："去洗手，洗过手才能吃饭。"

❯ 制作一张"日常生活习惯表"

给孩子制定生活习惯方面的规矩时，难的不是给孩子制定单个的规矩，而是怎样让孩子把每一件事情都做到。所以将孩子要养成的卫生习惯做成表格，并设立好奖励机制，就可以帮孩子很好地形成卫生习惯，同时也可以避免我们唠叨孩子。

"日常生活习惯表"的做法并不难，在孩子小的时候，我们可以把孩子每天必须要做的事情，用图画的形式罗列出来，然后在每个图案的后面标上一段时间的日期，每天孩子完成了一项，就在当天的框框里给孩子画个"√"。

至于图画的问题，会画画的父母可以画出相关的图标，不会画画的父母可以把孩子做每件事情时的样子拍下来，然后打印出来贴在表格上，总之只要可以让孩子明白每天都要做什么就可以了。等孩子再大一些能认字了，我们就可以将图片替换成文字，让孩子继续照着执行。

如果孩子能够坚持下来，并且坚持得很好，我们就可以考虑给予孩子奖励。比如，孩子做到了一个星期中，每一天都圆满地完成了"任务"，我们就可以奖励孩子去一趟游乐场，或是多吃一颗糖，等等。

◉ 让孩子自己决定表格的内容

日常生活习惯表的存在，是为了提醒孩子什么时间做什么事情，而不是我们用来控制孩子的工具。所以在制定表格内容的时候，我们要让孩子参与进来，具体要做哪些事情，怎么做，都要与孩子商量，并且要以孩子的想法为主。给孩子拍照时，也可以让孩子选择拍照的姿势、地点，以及选择哪一张贴到表上。

这样一来，孩子才能够十分清楚表格里的事情，也知道每一张照片都代表着要做什么事。切记父母不可自作主张地罗列出一系列内容，然后让孩子照着去做。只有孩子能够感受到充分的选择权，可以自己决定自己的生活时，他们才更愿意自觉地遵守规矩，更加热爱生活。

3. 让“黏人精”不再黏人的规矩

2020 年，全球暴发了一场疫情，当时学校纷纷停课，为了孩子们的学习不被落下，学校组织老师们在家给孩子们上网课。于是，我就面临着很大一个难题，在我上网课的时候，淘气的女儿怎么办？因为小区里严禁出入，我又没办法将她送走，最后只能一边带着她，一边给学生上网课。

第一天上课前，我再三叮嘱女儿：“妈妈上课时，你不能过来捣乱哦。有什么事情，要等妈妈下课了再说。”女儿答应得很好，但是在我上第二节课的时候，女儿可能觉得我太长时间没有关注她了，一直黏在我身边不肯走，甚至还故意去按动我的键盘，就为了让我看她两眼。

一天下来，我被搞得精疲力尽，既要保证课堂教学正常进行，又要时刻防着女儿过来捣乱。于是我忍不住向爱人抱怨道：“让你看个孩子都看不住，你就不能带着她好好在客厅待着，别让她到我屋里给我捣乱吗？”

爱人一脸委屈地说：“我不敢管呀，我不让她进去找你，她就要哭，她一哭不是更影响你上课吗？”

"那你就不会陪她玩一会儿吗？玩起来她不就忘了找我这件事了吗？"我对爱人看孩子的能力实在感到失望。

　　"我陪她玩了呀，她说玩什么，我就陪她玩什么，她要吃什么，我就给拿什么，你还想让我怎么看她呀？"爱人也有点着急了，他觉得自己已经使出了浑身的解数，但还是没能让我满意。

　　以往都是我陪着孩子玩的时候多一点儿，所以相对而言，爱人比较缺少看孩子的经验。我觉得这样争执下去也没有意义，与其埋怨爱人，不如一起想办法解决问题。

　　于是，当天晚上哄孩子睡觉时，我对女儿说道："明天白天妈妈还要工作，只能爸爸陪你玩，但是爸爸缺少陪你玩的经验，所以有时候你得教教爸爸怎么跟你玩。"

女儿听了我的话，点了点头，说道："爸爸特别笨，什么也不会玩。"

"所以才需要你教嘛！如果你表现得好，能够做到在妈妈上课时不打扰我，那么每天妈妈就奖励你一分，你攒够五分的时候，妈妈就奖励给你一个玩具，好不好？"

女儿一听到"玩具"便立刻答应了下来。接下来的一段时间里，虽然她偶尔还是会找借口到我屋子里来转一圈，但是她不会再随便打扰我了。

看过上面的叙述，我们就能清楚地知道，对于一些需要居家办公的家长来说，孩子比较"黏人"是一件很让人头疼的事情，给他们讲道理，他们似乎都能懂，但是懂归懂，却总是办不到。这就需要我们用规矩来约束孩子了。那么，我们该怎么给家里的"黏人精"制定"不许黏人"的规矩呢？

❯ 事先培养孩子的独立性

在给孩子定规矩前，我们要先将孩子的独立性培养起来，很多孩子"黏人"是因为自身独立性不够。在孩子的依恋敏感期内，父母要尽可能地多陪孩子，给予孩子安全感。当孩子度过了依恋敏感期后，我们就可以着手去培养孩子的独立性了。

可以先从培养孩子独立做事情的能力开始，当孩子口渴时，我们可以说："好啊，妈妈教你给自己倒水喝好不好？"示范一遍动作后，再让孩子模仿一遍，等确定孩子可以做好这件事了，以后就可以放手让孩子自己去做了。当孩子在一些生活琐事上不再需要我们的帮助时，孩子打扰我们的次数就会大大减少。

接着，可以培养孩子独立玩耍的能力。孩子天性爱玩，但不代表他们天生具有独自玩耍的能力，独立玩耍的能力需要父母循序渐进地培养和鼓励。首先要给孩子准备好一个足够他们进行探索的空间，如帐篷、大纸箱、小房子……孩子光是在这些地方钻来钻去就会耗费不少时间了。然后尝试着在孩子玩得专注时，暂时离开一会儿，给孩子营造独立玩耍的空间。让孩子体会到，即便爸爸妈妈不在身边，自己也可以玩得很好。

⊙ 定时向孩子"汇报"情况

当孩子拥有了一定的独立性后，我们就可以争取时间去做自己的事情了，但前提是我们需要让孩子知道我们要做什么，否则孩子很可能由于好奇我们在做什么，而不断出现打扰到我们。

如果孩子知道了我们在做什么，还是要"黏"着我们的话，我们就可以对孩子说："你先去干……，妈妈十分钟之后就去找你。"孩子若是很听话地照做了，我们就要在这十分钟之内，尽快让事情告一段落，然后如约出现在孩子面前。记住，第一句话不要问："你刚才找妈妈干什么？"而是要说："宝贝你真棒，能够安安静静地等妈妈来。"

当我们安抚好孩子这一阶段的情绪后，我们就可以再回到自己的事情当中，同样也需要提前告诉孩子自己要接着去忙事情了，希望在这个阶段中，孩子能安静地干些什么。

其实孩子不断地找父母，一是因为他们不能忍受来自父母的忽略，二是他们真的很爱我们，想要知道我们都在干些什么。所以只要我们解决好这两方面的问题，就可以大大减少孩子打扰我们的次数。

⊙ 设立"特殊时间"

当我们能够做到以上两点时，仍旧会发现孩子还是会在我们忙的时候出现在我们面前，或是做一些想要吸引我们的动作，或是什么都不说，就是露出一副可怜的样子看着我们。这并不是孩子忘记了规矩，他们只是控制自己的能力太差，在他们过来找我们前，他们其实已经努力在控制自己了。他们能够坚持几十分钟不来找我们，这已经是相当不容易的事情了。

所以，我们不要一上来就批评孩子，他们的想法很单纯，就是想要看一眼父母，好让他们获得安全感。这个时候，我们可以抱一抱孩子，亲一亲他们的小脸，抚摸一下他们的后背，让他们得到自己想要的关注后，我们就可以继续忙碌了。

我们不要忘了，工作虽然重要，但陪伴孩子同样重要。如果我们平时忙于工作，那么就要设立出一个"特殊时间"，在这个时间内全身心地陪伴孩子，不要看手机，不要忙工作，给予孩子高质量的陪伴。

当孩子懂得，只要自己乖乖地不去打扰父母的工作，那么爸爸妈妈就可以抽出时间来好好陪伴自己，这会让他们更加有动力去坚持规矩。

4. 让孩子成为花钱有度的"小富翁"

有一次，我和朋友带着各自的孩子一起出去逛街。一路上，朋友的儿子都和我的女儿手拉着手一起走，我和朋友则跟在后面悠闲地逛着。

忽然，朋友一个箭步冲上前去，抱住她儿子就往前跑，同时还腾出一只手紧紧地捂住孩子的眼睛。孩子突然"被袭"，在朋友怀里一边扭动着身体，一边大喊着："放开我，放开我！"

我和女儿被眼前的一幕惊呆了，因为不知道发生了什么，站在原地一动也不敢动。跑出去大约五六米后，朋友才将儿子放下来。然后回头冲着我们勾手，示意我们快点跟上。那动作和神情，就像是被坏人盯上后着急脱身一般。

丈二和尚摸不着头脑的我们只好赶紧跟了上去。"怎么了？"我紧张地问道。

朋友没有说话，而是用手指了指后面，我循着她手指的方向看去，原来那是一家玩具店。这有什么好害怕的呀？我更加不解了。

朋友看我一脸茫然的样子，指了指她儿子的背影，又指了指自己的眼睛，最后摆了摆手。

我一下子明白了，原来朋友是怕儿子看到那个玩具店。不用朋友再过多解释，我几乎已经猜到了朋友这样做的原因，肯定是小家伙爱买玩具，只要看到玩具店就要使劲采购一番，而朋友怕自己的钱包"吃不消"，又怕不给买儿子哭闹，所以采取了这样能躲就躲的战略。

朋友这种情况，在现实中还真是不少见。我很多次和女儿逛玩具店的时候，都会看到这样的场景。一边是哭闹不止的孩子，一边是劝说无效的家长。其实对于朋友的家庭来说，给孩子买玩具并不会造成很大的经济负担，但是朋友认为，不能给孩子养成花钱无度的坏习惯，只是如何面对孩子花钱无度这个问题，她却没有切实有效的办法。

相信这也是很多家长所面临的难题，因为控制孩子花钱这件事并不简单，控制不好，就容易走上极端。

有的家长认为家里什么都不缺，所以面对孩子的花钱问题时，总是十分"抠门"，不但不给孩子零用钱，还会拒绝孩子买东西的需求。这样的孩子长大后就能学会节约吗？现实还真的不一定。

我有一个朋友，从小家庭条件就挺好的，但是父母对她的管教却很严格。她小的时候几乎没有零用钱，别的小孩吃零食的时候，她只能眼巴巴在旁边看着，因为她即便说了，父母也不会给她买，更不要说像玩具这种在父母看来可有可无的东西了。她的父母总是跟她说："那都是没用的东西，干吗花那冤枉钱？"

因为童年里的缺失，导致朋友实现了财务自由后，花钱开始大手大脚起来。每次去她们家，都能看到堆在一旁的快递盒子，有时候快递多到她都来不及拆封。可是这些东西她真正需要的特别少，有的买回来就放在快递盒子里，再也没有拿出来过。

而另一个朋友恰恰相反，因为父母觉得再穷也不能穷孩子，所以拼尽全力给她最好的，父母可以没有新衣服穿，但从来不会拒绝她要买新衣服的要求。无论她想买什么，只要跟父母撒撒娇，父母咬着牙也会买给她。即便她的家庭条件并不是我们班里最好的，但是她却是我们班第一个使用智能手机的人。

按理说，父母没有过度克制她花钱，那么她应该能够养成花钱有度的习惯，但事实却相反。随着年龄的增长，她对物质的要求也越来越高，父母提供的物质也渐渐不能满足她的胃口了。起初她靠自己打工挣钱，后来打工的钱不够花，她就透支信用卡，最后为了还钱，她又从网上借钱。年纪轻轻，已经欠了很多债。

由此可见，对于孩子花钱这件事，父母既不能管制得太紧，也不能完全由着孩子。两个朋友不同的行为模式的形成，其实本质原因是相同的，那就是他们从小就没有学会支配金钱，导致长大后被金钱支配。

而现在的孩子与我们过去相比，简直是太富有了，我女儿过个年收到的压岁钱，轻轻松松就抵过了我一个月辛辛苦苦挣的工资。女儿小的时候，这些压岁钱就交给我来保管，可是到了四五岁时，她意识到了有钱的好处，开始要求自己管理压岁钱，我虽然答应了她，但是也附带了几条规矩。

＞ 定时定量给零花钱

孩子小的时候对金钱并没有什么概念，所以这个时候没有必要让孩子管理零用钱，但是可以限制使用零用钱的数额。比如，告诉孩子一天只有多少钱，他可以选择攒着，也可以选择花了，花的话不能超过规定的钱数，否则就不能花了。

当孩子稍微大一点儿了，能够自己管理金钱时，我们就可以尝试着给孩子一定的零花钱了。原则上年龄越小的孩子，给的零花钱数量就要越少，周期也要越短，因为这个阶段的孩子的控制能力和统筹能力都会相对差一些，少给一点儿，多给几次，会让他们逐渐学会掌控金钱。

⊙ 制订花钱计划

至于孩子该怎么支配零花钱，我们可以事先给孩子一些建议，比如一部分存起来，一部分用来随便花。但是各是多少，就要让孩子自己来做决定了，如果我们干涉得太多，会让孩子觉得失去了自主权。

在这个过程当中，孩子可能会存得很少，花得很多，家长难免会感到焦虑，但是也不用着急，随着孩子接触到生活中发生的各类事件，他们自己会适当地进行调整。

女儿 5 岁时，我每个星期会给她十元钱，让她自己支配。她选择存一元钱，然后剩下的九元钱随便花。我尊重了她的选择，但是很快她就发现只存一元钱太少了，要等上很久才能买到她想要的东西，所以从存一元变成了存五元。

⊙ 一次只能买一样东西

对于年龄较小的孩子，我们还可以给孩子定下这样的规矩，那就是在购物的过程中，只能挑选一样东西，而且这样东西是家里没有的。这个规矩可以很好地避免孩子进了玩具店或是超市这样的地方就随意消费。如果父母怕孩子挑的东西太贵，那么还可以附加上价格，比如只能挑选多少钱以下的物品。而那些贵一些的东西，则可以留到孩子生日或是儿童节这样比较重要的日子里让孩子挑选。

5. 孩子做作业拖拉，还需"对症下药"

网上有人问："什么事可以让一个妈妈立刻疯掉？"网友的回答出奇一致："陪孩子写作业。"

说起孩子写作业这个话题，家长们可谓抱怨连连。新闻上还说，有位家长因为陪孩子写作业，引发了心肌梗死，不得不到医院做心脏支架手术。有人觉得这条新闻很好笑，但只有真正陪孩子写过作业的人才知道，这一点儿也不夸张。

想起女儿刚上小学一年级时，我陪她写作业的时光，只能用四个字来形容——不堪回首。老师留了五个生字的作业，她做作业时一会儿抠抠手指，一会儿削削铅笔，不是渴了，就是想上厕所。明明好好写只需要十分钟，她却能写两个小时。

就算是我坐在她的旁边不眨眼地看着她，她也总能找到机会干点别的，甚至有时候，还把我当成了"陪聊"，干脆放下笔跟我聊起天来。常常陪她写两分钟作业，我就能感觉到自己的血压一路飙升，需要不断劝说自己"冷静"，才能够克制住想要打向她的手。

如此几次下来，不仅让我们母女之间的关系变得十分紧张，还让我产生了自我怀疑，难道我的孩子天生就不爱学习吗？这是随了谁的基因呢？我小时候也是这样让妈妈操心吗？

有一次接女儿放学，由于她们出来得有些晚，我得以有时间跟周围的家长聊聊天。这一聊才发现，原来写作业拖拖拉拉的不止我家孩子一个，大部分孩子都有这样的毛病。对此，有的家长说："孩子还小呢，长大以后就好了。"有的家长说："现在不管，以后就更不好管了。"

这时，一个高年级的家长说道："一到三年级主要培养学习习惯，好的习惯养成了，到了高年级家长就能省心很多。"

周围的家长听了，纷纷向这位家长取经，这位家长却只说了两个字——规矩。

这两个字瞬间给我提了个醒，之前我总是认为要培养孩子学习的自主性，家长不要过多干预，这样会使孩子产生依赖性，即父母管则学，父母不管则不学。那些学业有成者，没有一个是靠着家长的约束成才的。

经过这位家长的提示后，我才意识到，对于孩子学习这件事，光靠孩子自觉是完全不行的，家长还是要把规矩定起来，有了规矩后，孩子才能更好地自觉起来。当然了，在给孩子订立写作业的规矩之前，我们还得先了解孩子写作业拖拉的原因在哪里，这样才好"对症下药"。

据深入研究，孩子写作业拖拉，通常是以下四种原因：

第一，孩子缺少时间观念。大部分孩子都没有时间观念，所以做什么事情都是慢条斯理、不慌不忙的，包括写作业。他们不知道什么时间该写作业了，什么时间该睡觉了，什么时间该洗澡了，因此父母总是一遍又一遍地催促。催促的次数多了，孩子就产生了依赖性，只有经过父母多次催促以后，才开始动身去做。

第二，孩子的条理性差。孩子小的时候，我们总是包办他们的一切，导致孩子没有自己动手的机会。他们从凡事都由父母帮着做，突然变成只能独立写作业，自然会有一些手忙脚乱，尤其是碰到不会的题、不认识的字时，他们的第一反应往往都是找父母来解决。

第三，孩子过于追求完美。有时候我们对孩子要求过高，孩子就会出现过于追求完美的情况。因为我总是要求女儿将每一件事情都做好，对她做得不好的事情会多加挑剔，导致女儿在写作业时就会出现写了擦、擦了写、写了又擦的情况，一个字总要反反复复改上好多遍才会满意，这样做作业的速度也就慢了。

第四，孩子的学习基础差。很多写作业磨蹭的孩子，都是因为学习基础差，经常遇到不会做的题和不会写的字，因为困难重重，在学习里找不到自信，所以对待作业就会有抵触心理，更提不起兴趣来，时常是被父母逼得没有办法了，才会去写作业。

其实，孩子跟我们一样，他们是第一次写作业，我们是第一次看孩子作业，各有各的难处，我们生气发怒解决不了实际问题，也无法帮助孩子养成良好的写作业习惯。有时候，学习真的不是孩子一个人的事情，它需要家长进行辅助。因此，与其等到孩子在写作业中出现问题了再去解决，不如提前就把规矩订立好。

那么，针对孩子写作业拖拉的这几点原因，我们可以有针对性地给孩子制定以下规矩。

◉ 自己的书桌自己收拾

孩子的条理性是从生活中的一些小事情中锻炼出来的，只有父母学会放手，孩子才能从这些小事情中得到锻炼，而让孩子自己收拾书桌，就是一件十分能够锻炼孩子条理性的小事情。收拾书桌的难度并不大，孩子可以独立完成，在完成的过程当中，孩子会进行分类和整理，先做什么后做什么，什么东西放在哪里，在无形当中，孩子的条理性就得到了锻炼。

⊙ 规定写作业的时间和完成作业的时间

从孩子开始写作业的第一天起，这个规矩就要定下，即每天放学后的第一件事，就是先写作业，只有写完了作业才可以看电视或是出去玩。这样，就可以很好地避免孩子回家以后先玩或是看电视，从而拖延写作业的时间。

孩子开始写作业后，我们要给孩子规定好完成的时间。比如，语文的生字作业要用 20 分钟写完，如超过了 20 分钟，就要让孩子停下笔来。如果孩子完成了，则对孩子进行肯定与表扬；如果孩子没有完成，则对孩子进行一定形式的惩罚。

如果惩罚依旧不能让孩子按时完成作业量，那么家长就要狠心点，将作业收走，不再让孩子有机会写作业，这样到了第二天，孩子自然会受到老师的批评。老师批评一句，往往胜过父母唠叨十句。这一方法对自尊心强、渴望在学校表现良好的孩子尤为管用。

制定这条规矩的前提是，我们所规定的时间要合理，符合孩子的实际情况，不能时间太短，防止孩子真的写不完；也不能时间太长，以免孩子觉得没有挑战性，拖拖拉拉也能完成。

最后，执行这条规矩时，我们还需要给孩子准备一个小闹钟，让时间在孩子眼前一点一点地流逝，孩子的紧张感会更强。

⊙ 一个字最多改一次

不要担心不给孩子改的机会，孩子会写不好，事实上，人会因为机会少而倍感珍惜。我们不加限制的时候，孩子会觉得这一次没有写好，下一次还有机会，所以内心无法真正重视起来。但如果限定了更改次数，那么孩子就会产生紧张感，知道只能一次写好，否则就没有改正的机会了。

⊙ 先做会做的题，难题一次性解决

学习基础差的孩子，在写作业过程中可能会遇到很多问题，为此他们会不停地喊"妈妈"，而这个过程就会大大影响他们写作业的专注程度和速度。所以我们需要给孩子定这样一条规矩，那就是写作业时先写会写的内容，将不会的内容先放下，等到所有作业都写完了，再一次性解决不会的内容。